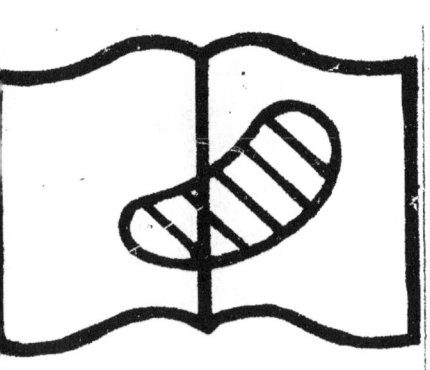

Illisibilité partielle

Couvertures supérieure et inférieure en couleur

VALABLE POUR TOUT OU PARTIE DU DOCUMENT REPRODUIT.

Galipettes de Galipaux

Préface D'AURÉLIEN SCHOLL

8° Z
15097

GALIPETTES

Félix Galipaux

F. GALIPAUX

GALIPETTES

DESSINS DE

P. BARON, E. BÉJOT
BÉTHUNE, COURCHET, DETOUCHE
FRIM, GRAY, LHEUREUX, L. LOIR, MERWART
MESPLÈS, H. PILLE, RAY, TEYSSONNIÈRE
VALTON

PARIS
JULES LEVY, LIBRAIRE-ÉDITEUR
2, RUE ANTOINE-DUBOIS, 2

—

1887
Tous droits réservés

A ma Mère

MON MEILLEUR AMI

PRÉFACE

Si tous ceux qui ont applaudi Galipaux, tous ceux qu'il a fait rire, achetaient son livre, ce serait — comme le briquet de Fumade — le plus grand succès qu'on puisse voir de nos jours!

Il est si gentil, ce petit Galipaux.

Il y a des jours où on le prendrait pour Déjazet, et on se demande pourquoi il ne joue pas les PREMIÈRES ARMES DE RICHELIEU et le VICOMTE DE LÉTORIÈRES.

Un comique qui n'a rien de grotesque, le cas est presque unique. Hyacinthe avait son nez, Ravel avait sa tournure, Baron a un vice de prononciation qui lui rapporte soixante mille francs par an.

De tous les comiques connus, l'un a la maigreur; l'autre l'obésité. Galipaux n'a que la gaîté, l'esprit, la finesse des nuances. Il voudrait être ridicule qu'il ne pourrait pas y arriver.

Il justifie le proverbe : Qui peut le plus peut le moins. Un premier prix au Conservatoire lui donnait de droit son entrée à la Comédie Française;

mais Galipaux mesura Coquelin qui signait de la rue Lafayette des décrets de Moscou, et, prudemment, il prit l'autre côté du Palais-Royal. Le premier prix du Conservatoire signa un engagement de cinq ans avec le théâtre où triomphèrent Sainville. Arnal, Alcide Tousez, Achard, Gil-Pérez. Et là, même là, on le tint trois ans sous le boisseau. Les jeunes ont à lutter partout.

Il est cependant méridional, ce jeune comique arrivé à la force du poignet; mais le midi lui-même est étouffé par les syndicats et les coalitions.

C'est pourquoi Galipaux, désireux d'occuper ses loisirs, se mit à écrire de petites études, des esquisses, des monologues, des proverbes qui ont prouvé qu'il était capable de débiter autre chose que l'esprit des autres.

Après les DEUX ÉPAVES, saynète en vers, Galipaux se révéla sous trois formes différentes dans le VIOLON SÉDUCTEUR : auteur, comédien et violoniste, il savoura trois succès en une séance.

Pourquoi du Palais-Royal est-il allé à la Renaissance? Et pourquoi de la Renaissance ne va-t-il pas à la Comédie Française où son début serait une véritable RENTRÉE? Son professeur, son maître, le grand Régnier, ce comédien qui, sous l'Empire, était plus vénéré qu'un sénateur, n'est plus là pour lui ouvrir la barrière. Et cependant quel Mascarille et quel Scapin ferait ce Galipaux, né pour les planches, qui a dû renoncer provisoirement à Molière et à Regnard pour interpréter Blavet et Bisson! — Il y a des degrés, disait à Alexandre Dumas le président du tribunal de Rouen. Galipaux les franchira.

En attendant, l'excellent comique, le comédien poète et auteur, offre au public les fleurs de son imagination. La plupart des morceaux qui composent ce volume ont paru dans les journaux de Paris, non point dans les feuilles volantes et éphémères, mais bien dans les journaux qui ont des abonnés — comme l'Opéra. Galipaux a été imprimé tout vif dans le FIGARO, *dans l'*ÉCHO DE PARIS, *dans l'*OPINION, *dans l'*ESTAFETTE. *La Renaissance, l'Athénée les Menus-Plaisirs, le théâtre Déjazet ont donné de ses pièces. Il mérite d'être lu, ayant mérité d'être écouté. Et puisqu'il ne joue que le soir, lisez-le le matin.*

AURÉLIEN SCHOLL.

GALIPETTES

NOS ACTEURS EN TOURNÉE

A Alexandre BISSON.

DEPUIS quelques années, lorsqu'une pièce a du succès à Paris — comédie ou opérette — il se trouve toujours une dizaine d'impressarii *in partibus* tout prêts à l'exploiter en province.

Pour ce faire, ils racollent dans les agences et cafés du boulevard les comédiens inoccupés, montent rapidement l'ouvrage, et en route pour l'exportation dramatique ou musicale !

Ces troupes formées de bric et de broc, et composées d'éléments hétérogènes, offrent la plupart du temps à l'observateur d'innombrables sujets d'études, et au caricaturiste quantité de modèles à croquer.

Si vous le voulez bien, nous allons examiner ensemble les types que nous présente la tournée Saint-Albert.

**

Saint-Albert, grand premier rôle, aujourd'hui éloigné de la scène (l'ingratitude des auteurs !), vient d'acheter le droit unique de représenter dans toute la France la nouvelle pièce de Dubéquet.

Il n'a pas eu la main heureuse, Saint-Albert, dans le recrutement de sa troupe : elle est formée d'une jolie collection de types !

Aussi, ce malheureux directeur rentrera-t-il dans la capitale avec les cheveux un tantinet blanchis.

Dam ! qu'est-ce que vous voulez ! quand on a affaire à des gens comme ce Floridor, par exemple !...

LE GRINCHEUX

Floridor est comique au théâtre... parfois, mais grincheux à la ville... toujours.

Il a décroché avec peine et protection un second accessit au temple du faubourg Poissonnière, où il n'est cependant resté que six ans. Cela lui suffit pour mettre sur ses cartes de visites « *lauréat du Conservatoire* » (lauréat ! comme c'est malin, c'est pour le bourgeois, ça.)

Il n'a pas voulu entrer aux Français, il n'y aurait rien fait avec Machin qui est là et qui accapare tous les rôles.

Entre nous, Floridor ne cache pas son jeu. Dès qu'on l'écoute dix minutes, on donne raison à ceux qui disent de lui : sale caractère ! Ce n'est pas extraordinaire qu'il soit sans cesse sans engagement : à peine dans un théâtre, il débine tout et tous.

Depuis le directeur, « qui n'y connaît rien », jusqu'aux artistes, « tous mauvais » en passant par le régisseur, « une moule », tout le monde a son paquet avec lui.

Je vous laisse à penser ce qu'il dit de l'artiste qui joue son emploi, à lui, Floridor !

Enfin, il y a huit jours, il rencontre un camarade, boulevard Saint-Martin, qui lui dit :

— Que fais-tu ?

— Rien.

— Veux-tu venir jouer *le Névrosé* avec nous ?

— Qui, vous ?

— Eh bien, Chose, Machin, Dazincourt...

— Ah ! môssieu Dazincourt en est ?

— Oui, qu'est-ce qu'il t'a encore fait, celui-là ? Tu n'as pas l'air de l'aimer beaucoup.

— Moi ? je me fiche pas mal de lui ! Ça m'embête seulement de jouer avec un cabot.

— Allons, décidément, il t'a fait quelque chose.

— Mais non, je t'assure. Et ce serait pour jouer *le Névrosé*, naturellement ?

— Non, c'est Vilter qui le joue.

— Qui ça, Vilter ?

— Vilter, du café de Suède.

— Ah ! oui je sais... un comique, plaisanterie à

part... ce sera gai... Je ne suis pas curieux, mais je voudrais le voir dans *le Névrosé*...

Enfin, l'affaire est signée, non sans peine, et grâce au directeur qui a fait toutes les concessions.

On a mis, entre le 2ᵉ et le 3ᵉ acte, un monologue comique dit par Floridor, à la demande de l'artiste qui a réclamé cette faveur « afin d'avoir au moins quelque chose dans la soirée, son rôle étant *une complaisance*. Qu'on ne l'oublie pas ! »

La répétition générale vient d'avoir lieu, au premier étage d'un café du faubourg du Temple. On s'est séparé en se donnant rendez-vous pour le lendemain, deux heures, à la gare Saint-Lazare : on joue le soir même à Versailles. Floridor fait remarquer qu'il est idiot de partir à deux heures. On peut parfaitement ne partir qu'à cinq, on arrive suffisamment tôt pour dîner et être prêt à l'heure. Au moins, on passerait sa journée à Paris. Il faut être fou pour n'avoir pas vu ça ! Les indicateurs ne sont pas faits pour les chiens. Ah ! elle commence bien, cette tournée !

*
* *

On part. Naturellement, Floridor, en parfait gentleman, s'est immédiatement emparé du meilleur coin. La duègne qui, elle, n'a pas eu cette chance, a vainement laissé tomber plusieurs fois cette phrase :

— Je sens que je vais être malade... chaque fois que je vais en arrière...

Floridor n'a pas bronché. Il bourre silencieusement sa pipe sans tenir compte de l'effroi visible de ses camarades du sexe faible.

— Oh! quelle tabagie! baissez au moins la vitre.

— Plus souvent! pour attraper un rhume ; je joue ce soir, moi !

— Eh bien, et nous ?

*
* *

On arrive.

Floridor n'est pas content :

— Eh bien, l'omnibus ? Où est l'omnibus pour ma valise ? On ne suppose pas que je vais porter moi-même ma valise à l'hôtel ?

Mais, en voilà bien d'une autre !

Les yeux de Floridor tombent sur une affiche :

— Qu'est-ce que c'est que ça ? dit-il écumant.

On a mis Réguval avant moi ? C'est trop fort ! De quel droit ?

— Mais, mon petit Floridor, lui dit-on pour le calmer, Réguval joue Gaëtan.

— Qu'est-ce que ça me fiche ? Je suis quelqu'un, moi, on me connaît... ma réputation n'est plus à faire. Dans les *Premières pages d'une grande histoire*, c'est moi qui ai créé Marceau.

— Comment, Marceau ?

— Certainement, à Ruffec.

Bref, après avoir longuement ronchonné et s'être aperçu qu'on ne prêtait qu'une oreille distraite à ses jérémiades, Floridor change tout à coup de ton :

— Après tout, être le premier ou le dernier sur l'affiche, ça m'est bien égal. La vedette, c'est le public qui vous la fait !

*
* *

Floridor se précipite à l'hôtel et se dispose à

choisir la plus belle chambre, mais le garçon l'arrête :

— Pardon, celle-ci est retenue pour votre camarade, M. Dazincourt.

— Ah ! j'aurais été bien étonné si... Enfin ! Eh bien ! donnez-moi une sale mansarde, alors.

On lui offre la chambre mitoyenne et identiquement semblable à celle qu'il voulait prendre.

— Monsieur sera aussi bien ici.

— Oh ! ça ne fait rien. Je sais parfaitement qu'à l'hôtel on n'est pas comme chez soi.

*
* *

A table, on présente le plat à Floridor.

— Mais il ne reste que du maigre. Allez à la cuisine chercher du gras.

Le chef revient et avoue, la mine un peu confuse, *qu'il n'en reste plus.*

— Voilà ma veine ! s'écrie l'artiste, je meurs de faim !

Et comme ses camarades se tordent :

— Alors, vous trouvez ça drôle, vous autres ? Il vous en faut peu pour rire !

*
* *

Au théâtre, le régisseur procède à la distribution des loges.

Floridor (que ses camarades appellent La Grinche) a déjà mis sa valise dans la première, celle qui est la plus près de la scène.

On lui fait poliment comprendre que c'est l'Etoile qui s'habille là, et qu'il est tout naturel qu'il cède cette loge à une femme.

— Oui, oui, moi, je m'habillerai dans les dessous, c'est assez bon.

— Floridor ! on commence !

— Non, je ne suis pas prêt... il y a encore une minute !

Si par hasard notre comique a du succès, il répond à ceux qui le compliment :

— Oh ! pour ce que ça m'avance d'être applaudi à Versailles !

S'il remporte une « tape », et qu'on y fasse allusion, sa réponse est prête :

— Dame ! ce n'est pas à Versailles qu'il faut chercher les connaisseurs !

Le spectacle terminé, le régisseur dit :

— Mes enfants, demain, départ à sept heures, nous allons à Orléans.

— Comment, sept heures ! Quand voulez-vous qu'on dorme alors? Et puis, cette idée d'aller de Versailles à Orléans quand on a Chartres à côté de soi !

1.

— Mais, mon ami, si on ne va pas à Chartres, c'est que le théâtre est pris, le soir.

— Eh bien, pourquoi pas en matinée ?

*
* *

Et pour finir par un mot typique, si pendant le voyage la température n'est pas favorable à l'entreprise, Floridor ne cesse de répéter :

— Sale tournée... il pleut tout le temps !

CELUI QUI SAIT VOYAGER

Parlez-moi au moins de Dazincourt, dit Saint-Albert, voilà un pensionnaire aimable, pas bruyant et qui sait voyager !

Ah ! le fait est que Dazincourt a l'habitude des voyages. Depuis que les tournées fonctionnent, il n'a pas passé un hiver à Paris. Toujours en chemin de fer ! Aussi, vous pouvez le questionner à propos d'un trajet quelconque, vous êtes certain qu'il vous répondra sûrement. Interrogez-le sur l'heure du départ, celle de l'arrivée ; demandez-lui le nombre de kilomètres, si l'on change de train en route, sur quel réseau on voyage (Lyon, Orléans ou Etat), jamais vous ne le prendrez sans vert.

Il a tant voyagé ! Tellement que, maintes fois,

lorsque le train s'arrête, on l'aperçoit serrant la main du chef de gare : une vieille connaissance.

Je sais voyager, moi ! est sa phrase favorite, qu'il répète souvent, d'ailleurs. Examinez-le dès le départ, et dites-moi si vous n'avez pas devant vous un homme qui connaît son affaire.

En wagon, il choisit, lui aussi, le meilleur coin, celui qui tourne le dos à la locomotive (afin d'éviter les morceaux de charbon), mais il l'offre gracieusement aux dames, s'il s'en trouve dans le compartiment... il est vrai qu'il a toujours soin de monter où elles ne sont pas.

Le train à peine ébranlé, Dazincourt ouvre son petit sac de nuit — son seul bagage de main et pas encombrant, oh ! non — il en retire une casquette légère ou épaisse, selon la saison, et lit le *Petit Journal* (Dazincourt n'a pas d'opinions, mais raffole des faits divers) ; le dernier crime lu, il le commente, jusqu'à la grande station où l'on déjeune.

Pendant que ses camarades s'engouffrent au buffet, Dazincourt se glisse discrètement à la *buvette* ; c'est toujours la même cuisine, et c'est moins cher. Il remonte en wagon, fume onctueusement sa bouffarde et fait un léger somme qui le rend frais et dispos à l'arrivée.

Il ne se presse pas, à l'arrivée : il sait voyager !

Tandis que les autres artistes perdent dix minutes pour le choix de l'hôtel, Dazincourt, qui a déjà joué dans cette ville (où n'a-t-il pas joué ?) sait, lui, où est le bon hôtel, l'hôtel raisonnable. Il a écrit la veille pour retenir sa chambre. Et pour ne pas confondre de noms, car il en a vu des *Hôtel du Commerce*, des *Lion d'Or*, des *Cheval blanc !* il a son petit répertoire, ce cahier cartonné que vous lui avez aperçu tout à l'heure dans les mains. Eh ! bien, empruntez-le lui (il se fera un véritable plaisir de vous le prêter) et vous verrez :

Versailles. Tel hôtel, déjeuner, dîner et chambre : tant. V. C. (ce qui veut dire : vin compris). On est bien. Prendre le café en face. L'hôtel n'est pas loin de la gare, on peut y aller à pied, même s'il pleut.

Tournez la page, et vous verrez au-dessous de la note qui regarde *Chartres* une petite ligne écrite au crayon :

Descendre à l'hôtel... Eviter le vin. Demander si la cuisinière Anna, une petite brune, est toujours là !

Et un point d'exclamation mystérieux termine cette phrase énigmatique !

Dazincourt s'est donc rendu à l'hôtel que lui a recommandé son petit vade mecum, il donne un bonjour amical aux patrons de l'hôtel, s'informe de la santé des enfants, qu'il trouve grandis depuis *Michel Strogoff* — la dernière tournée qui l'a amené ici, — monte au 17, sa chambre habituelle, ouvre la fenêtre pour changer l'air, éventre le lit, tâte les draps pour s'assurer de leur sécheresse, soulève un coin du matelas, à la tête du lit, pour se tranquilliser au sujet des... petites trotteuses anthropophages, reborde le drap et, cette dernière inspection faite, consulte sa montre. Il n'est que cinq heures. Si la ville dont Dazincourt foule le pavé est une ville de garnison, notre artiste se dirige au café des officiers : l'absinthe y est toujours de premier choix.

Six heures. Dazincourt rentre dîner : c'est l'heure de la table d'hôte, le meilleur repas, il ne faut pas le rater. Mon Dieu, oui, à six heures, le service des tables d'hôte est toujours si mortellement long, il faut dîner sans se presser.

Son dessert pris, le comédien descend à la cuisine, et, sachant que, le lendemain, le départ a lieu dans la matinée, bien avant l'heure du repas ordinaire, il offre *deux entrées* au chef, afin que ce Vatel de province, reconnaissant de la bonne soirée passée la veille, lui trousse à son choix un petit déjeuner des plus congruants... et au vin blanc (le matin, c'est le même prix, et ça change).

Ensuite, Dazincourt se dirige lentement vers le théâtre, en fumant avec onction sa vieille bouffarde, Joséphine.

Il s'habille sans se presser et joue de même, en pontifiant un brin. Le rideau baissé sur le dernier acte, l'acteur se dégrime et se rhabille avec la même régularité méthodique.

Ici, un détail bien caractéristique :

Afin d'éviter l'odeur rance des fards qui empesteraient sa malle et ses effets, Dazincourt se démaquille avec de petits frottoirs que sa femme lui a fabriqués avec de vieilles chemises en prévision de la tournée et qu'il jette ensuite dans un coin de la loge abandonnée comme un souvenir de son passage!

Et comme il est sain de prendre un peu l'air avant de se coucher, surtout quand on a respiré, pendant trois heures, l'atmosphère surchauffée d'une loge d'artiste, Dazincourt va en griller une dernière en se promenant sur le cours, et, toujours placide, rentre à l'hôtel où il se fait mettre au réveil suffisamment tôt pour ne pas avoir à se bousculer. Monté dans sa chambre, notre acteur se couche, et s'endort enfin avec la conscience d'un homme qui a fait son devoir... et qui sait voyager.

L'ACTEUR PRESSÉ

Cinguy, qu'on pourrait aussi bien appeler Electric ou Dynamite, est la pétulance et la vivacité mêmes. Quel brouillon!

Il court, va, vient, monte, descend. Vous le croyez ici, il est là, vous y allez, il n'y est plus.

C'est tout essouflé, qu'il arrive à la gare où ses camarades l'attendent depuis longtemps.

— Où montons-nous? ici ou là? Non, à côté! Je

vais voir dans ce wagon, si nous serons seuls? Oh! non, Floridor y est, allons ailleurs! Tiens, Louisa, là-bas; grimpons dans son compartiment.

Ses camarades, lassés de zigzaguer sur la voie sont déjà casés que Cinguy cherche toujours où il va monter. Saprelotte! le train siffle, on a fermé les portières, il va rater le départ! Enfin, il s'accroche à une main, on le hisse, il y est, ça n'est pas malheureux!

Les copains installés depuis belle lurette ont placé entre eux une valise recouverte d'un plaid et s'apprêtent à faire un trente-et-un.

— En es-tu?

Cinguy adore le trente-et-un (quoiqu'il perde toujours, il est si distrait.)

C'est toujours lui qui propose de jouer, mais il n'est jamais prêt quand on commence.

— Non, attendez, j'ai mes journaux à lire.

— Zut! fait le chœur.

Et Cinguy retire de sa poche, le *Figaro*, l'*Evénement*, le *Gaulois*.

Mais le démon du jeu l'empoigne, il lâche carrément Prével, Besson et Nicollet pour regarder les cartes.

— Ah! non, pas de conseils, lui crie-t-on, ou bien joue.

— Tout à l'heure ! Il faut que je lise.

Et il lit ou du moins, il essaye de lire, mais son esprit est tout au brelan et au misti que ses voisins annoncent bruyamment.

C'est la vingtième fois au moins que ses yeux fixent : *le programme de la semaine dans nos théâtres lyriques*; programme qui lui est du reste profondément indifférent, aujourd'hui qu'il quitte Paris.

— Allons bon ! en voilà bien d'une autre à présent.

Cinguy en se démenant, — hasard ! — a fait tomber son ticket de chemin de fer dans la rainure de la portière.

— Quelle scie, cet animal-là !

— On n'est jamais tranquille une minute avec lui !

Cinguy dérange tous les voyageurs. Tous ses voisins, y compris deux étrangers, essayent d'attraper le billet, celui-ci avec une canne, l'autre avec la courroie de la vitre, etc.

Comme toutes les tentatives restent infructueuses, Cinguy très-embêté, dit :

— J'ai une idée.

— Nous sommes perdus, fait la soubrette.

— Non, ne craignez rien !

Et s'adressant à un gros homme qu'il ne connaît pas :

— Pardon, Monsieur, voulez-vous avoir la bonté de me prêter un instant votre canif.

Et attachant le couteau à une longue ficelle, il le descend entre les deux planches, mais à force de faire la marionnette, il lâche la corde et v'lan, le le couteau va rejoindre le billet.

Tout le monde rit.

Tête du monsieur.

Enfin, un camarade plus heureux ou plus adroit que ses devanciers pêche les deux objets.

— Maintenant, j'en suis! dit Vif-Argent aux joueurs.

Mais le train s'arrête, on est arrivé.

Cinguy, qui a rencontré quelqu'un avec qui il s'est attardé, sort le dernier.

Les omnibus d'hôtel viennent de partir.

— Eh bien, où sont les autres? Oh! comme c'est bête de ne pas m'attendre!

On lui dit :

— Les comédiens sont descendus à la *Boule d'Or*. C'est loin, la *Boule d'or?*

— Ce n'est pas ici, lui répond-on avec vérité.

— Quels daims, ces provinciaux! murmure Cinguy vexé de prendre une voiture tout seul et encore plus vexé quand il voit que la *Boule-d'Or* est à dix pas de la gare et qu'il vient de se coller des frais inutiles.

— Quel est le numéro de ma chambre? demande-t-il à l'hôtelier.

— Monsieur, il n'en reste plus, les voyageurs qui viennent d'arriver ont tout pris.

— Comme c'est malin, dit Cinguy à ses amis qui redescendent de voir leur chambre, de ne rien retenir pour moi.

— Allez à l'*Angleterre*, vous y serez très bien.

— Oh! oui, très bien, reprend Floridor avec un sourire machiavélique et puis, ce n'est que seize francs par jour!

— C'est égal, vous me la paierez, celle-là, fait Cinguy en s'éloignant furieux.

Enfin, il est installé. Ses amis lui ont dit :

— Nous allons au *Café du Commerce*, tu nous y trouveras, si tu ne traînes pas.

Ah! bien, ouiche, Cinguy qui a fait le tour de la ville pour trouver l'*Hôtel de l'Angleterre*, devant lequel il est passé deux fois en courant, mais qu'il n'a pas vu, il est si distrait, arrive au *Café du Commerce*, cinq minutes après le départ de ses amis.

Son nez s'allonge.

Heureusement, il rencontre un ancien condisciple de Louis-le-Grand, aujourd'hui sous-chef à la préfecture de la ville. Ce jeune provincial savait par les affiches que Cinguy venait jouer ici; il serait bien allé l'attendre à la gare, mais il ignorait l'heure de l'arrivée. N'importe, le voila, il ne lâche plus le comédien. D'ailleurs, ses parents sachant *l'ami du fils* bien élevé quoique artiste, ont chargé leur rejeton de l'inviter à dîner. Oh! impossible de refuser. Tout est prévu. Sachant que Cinguy avait besoin d'être au théâtre de bonne heure, on dînera à six heures et quart. C'est en-ten-du.

Au théâtre, tout le monde est agité : Cinguy n'est pas arrivé et c'est lui qui dit le premier mot.

— Me voilà! Me voilà!

En effet, on entend un tapage effroyable : c'est Cinguy qui monte quatre à quatre l'escalier tout en criant: à moi!! je suis en retard!!! coiffeur! habilleur!! vite!

Il se déshabille sur le palier, jette ses vêtements à un machiniste qu'il prend pour l'habilleur, se fait une tête de clown, tellement il se presse et crie :

— On peut frapper!... Non, non, ne frappez pas! j'ai oublié la clef de ma malle à l'hôtel. Garçon de théâtre! allez vite à l'*Angleterre*, (au bout de la ville) chambre 2, vous trouverez à ma valise un trousseau que vous m'apporterez. Allez vite!

L'employé revient, dératé, et l'on commence.

Un peu avant la fin de la pièce, Cinguy, croyant qu'on l'attend « à la sortie » remonte dans sa loge avant sa dernière apparition pour mettre ses souliers de ville, afin de gagner une minute, mais il ne gagne qu'une amende parce que cette ascension lui a fait manquer son entrée. Le rideau baissé sur le dernier acte, son ami vient le féliciter de la part de sa famille qui n'a pu l'attendre, vu l'heure tardive, — 11 h. 35.

Pendant ce temps-là, tout le monde est parti, le théâtre est vide, et le gazier est là, ronchonnant après l'acteur qui n'en finit pas et qu'il attend pour éteindre le dernier papillon et s'en aller.

Cinq minutes après, Cinguy se trouve encore seul dans les rues désertes de cette sous-préfecture inanimée, qu'il fait retentir de son pas d'acteur pressé !

L'AMATEUR

L'amateur est ordinairement un gommeux qui n'a pas besoin de ça, mais que le théâtre amuse ou plutôt que les artistes amusent, et qui, pour rester davantage avec eux, s'est fait engager pour jouer des *utilités habillées.*

Est-il heureux de faire partie de cette tournée !

Ah ! rien ne lui manque, il a pris ses précautions, celui-là !

Voyez ses poches, elles sont bourrées de guides, elles regorgent d'indicateurs, il en a ! il en a ! ! de toutes les formes, de toutes les nuances, le *Chaix*, le *Conty*, le *Noriac*...

Un énorme sac de nuit est à ses côtés — vrai cabinet de toilette ambulant (jeu de brosses complet) avec toute une pharmacie portative.

Quelqu'un s'est-il blessé, vite, demandez à l'amateur du taffetas rose : il va vous en découper un morceau avec ses adorables ciseaux lilliputiens.

L'amateur a trois malles.

Dame ! on part pour un mois, et il n'est pas de bon goût de mettre plus de huit jours de suite le même vêtement. Aussi l'amateur a-t-il emporté quatre complets... complets, chapeaux et pardessus assortis.

Quant à ses cravates et ses gants, on n'en sait plus le nombre.

Le soir, s'il y a une annonce à faire, c'est toujours lui qui est chargé de cette corvée : il a un si bel habit et il le porte si bien !

— C'est son seul talent ! insinue cette bonne langue de Floridor.

L'amateur voyage pour s'amuser, voir du pays.

Et pour éviter le temps perdu, voici comment il procède :

Ses innombrables guides lui ayant appris les heures où les musées sont visibles, les jardins publics ouverts, dès qu'il descend du train, il se jette dans un fiacre et dit au cocher d'un air entendu :

— Ce qu'il y a de curieux à voir !

C'est ainsi qu'il a vu plus de trente cathédrales, *la plus intéressante de France au point de vue archéologique.*

Bref, son système est le meilleur pour voir tout, et très vite.

On le blague bien un peu quand il revient de « ses excursions », on lui monte des scies, en lui demandant régulièrement s'il a visité l'aquarium ; mais ça lui est égal : « Il a tout vu » et c'est ce qu'il veut, lui, qui voyage pour s'amuser.

Quelquefois même, quand la voiture est au complet, l'amateur l'escorte à cheval. Il est bon cavalier et fait caracoler son coursier de louage, à la grande fureur de Floridor, qui, le voyant passer ainsi, fier de sa monture, grommelle entre ses dents :

— P seur, va !

Ces soirs-là, à la façon dont l'amateur joue son rôle, les jambes un peu écartées, on s'aperçoit visiblement des bienfaits de l'équitation.

L'amateur a cependant un avantage, il a toutes les jolies femmes avec lui, *pendant la journée* (il faut dire que ce n'est pas toujours un avant..., mais il ne s'agit pas de ça).

Ces dames le savent si obligeant, si attentionné ! L'une lui donne son sac à porter, l'autre, une ombrelle ; celle-ci lui a confié son ticket, celle-là l'envoie porter une dépêche... *à son ami de Paris*. Cette dernière commission lui fait bien faire un peu la tête, mais il y va tout de même. Il a un si bon caractère !

Comme compensation à toutes ses politesses, on lui permet, quand il veut dormir en wagon, d'appuyer sa tête sur l'épaule de sa voisine.

Comment refuser ce petit service à un monsieur qui vous promène toute la journée en voiture ? Et puis, ça ne va pas plus loin, d'ailleurs... A moins que sous les tunnels... mais non, je ne crois pas.

L'amateur est l'antithèse de Cinguy. Autant celui ci est *coup de vent*, autant celui-là est *tortue*.

Ainsi, il n'a qu'une scène, au deuxième acte : il joue un invité à la soirée ; il a fini à neuf heures. Eh bien, quand ses camarades remontent à la fin du spectacle, il n'est pas encore prêt et tous les compartiments de sa malle gisent à terre, encombrant le couloir.

Aussi, il faut entendre sacrer Floridor !

Comme, après le spectacle, il a pris la ruineuse habitude d'offrir un « ambigu » à ses compagnons enjuponnés, quand, le lendemain, le départ a lieu de bonne heure, il ne peut pas se dégrouiller. Il a beau se faire mettre au réveil vingt minutes avant les autres, si son ami Cinguy ne montait pas deux fois lui-même à sa chambre, après avoir envoyé tous les garçons de l'hôtel le réveiller, Lambinos raterait le train.

Et quand on lui fait une observation au sujet de son éternelle inexactitude et des « frousses » qu'elle donne à l'administration, l'amateur répond *lentement*.

— Je n'ai jamais rien raté !

— Heureux homme ! soupire mélancoliquement Dazincourt.

L'amateur a une manie qui lui coûte cher : il achète toujours la spécialité du pays.

C'est ainsi qu'il a remporté du nougat de Montélimar, des biscuits de Reims, un de ces petits sacs de haricots que le buffet de Soissons tient tout prêts pour les gourmets... naïfs. Il a acheté un pâté à Chartres, des sardines à Nantes, seulement il les a prises *à l'huile*, du sucre de pomme à Rouen, des prunes à Agen, des escargots à Troyes ; il n'y a qu'à

Orléans où il a vainement cherché des... mais il ne s'agit pas de ça.

Bref, en partant, il avait trois malles, il en a six au retour. Aussi l'impresario a-t-il juré ses grands dieux qu'il n'emmènerait jamais plus avec lui, en tournée, des amateurs : ça coûte trop cher d'excédent !

LE PÊCHEUR

Le comédien-pêcheur n'est pas un type aussi rare qu'on peut le supposer.

Encore un calme, celui-là, et tout le premier à rire du pêcheur à la ligne si humoristiquement dessiné par Richepin.

Comme acteur, c'est un consciencieux qui fait très convenablement sa petite affaire, est très correct dans les rôles qu'on lui confie et ne dépare jamais une distribution.

Ne compte à son actif ni succès ni veste. On ne dit jamais de lui : « Oh ! qu'il est bon ! » mais on ne dit pas non plus : « Oh ! qu'il est mauvais ! » Bref, c'est ce qu'on appelle dans le bâtiment : un *Complète un excellent ensemble*.

Quand il n'est pas d'une pièce en répétitions, il va chatouiller le goujon et taquiner l'ablette sur les bords fleuris du canal Saint-Martin... à deux pas du théâtre, au cas où un accident surgirait, mais par goût il aimerait mieux jeter plus loin sa ligne, l'eau croupissante qui empeste le quai Jemmapes n'ayant pour lui aucun appas.

La tournée a justement lieu pendant l'ouverture de la pêche, aussi ne voulant rien changer à ses habitudes, le comédien-pêcheur a-t-il emporté avec lui toutes ses lignes... de fond et autres, sans compter, dit-il en riant, celles qu'il a dû se fourrer dans la tête.

C'est bien un peu gênant pour les voisins, ces satanés scions qui tombent sans cesse des filets, mais on ne dit trop rien, le pêcheur est si bon enfant et si tranquille !

Le prototype de cette espèce est sans contredit le grime Samortil.

Je crois, en effet, qu'il serait bien embarrassé de dire lui-même si c'est la pêche ou le théâtre qu'il préfère. Entre nous, j'ai tout lieu de supposer que ce n'est pas le théâtre.

Il faut le voir, dès qu'on arrive dans une ville, demander à la première personne qu'il rencontre :

— Y a-t-il de l'eau, ici?

Et si la réponse est affirmative, se précipiter à l'endroit indiqué.

Mais c'est comme une fatalité, chaque fois qu'on va dans un pays où serpente une rivière quelconque, on arrive tard; en revanche, si on doit jouer dans une ville plate et sèche comme la poitrine de mademoiselle X... on arrive dès le matin.

Lors de sa dernière tournée, on lui en a fait une bien bonne !

Ses camarades l'avaient conduit à environ cent mètres d'un pont, le plus bel ornement de la ville de C, et lui désignant l'eau qu'il ne pouvait voir à cause d'un parapet qui la cachait, l'un d'eux s'écria :

— C'est très bizarre, vous voyez bien cette rivière, tout le monde s'accorde à la trouver poissonneuse et personne n'a jamais pu prendre la moindre friture.

— Des blagueurs ! fit Samortil, piqué au vif. Je vous fais le pari, moi, de vous rapporter pour demain matin une matelotte copieuse.

Pari tenu.

Dans la journée, notre homme va hors ville, chercher dans les terrains vagues de la bonne *terre à peloter;* le soir, à table, il met dans sa poche tous les morceaux de gruyère qu'il aperçoit, excellent appât pour le chevesne et le barbillon.

Rentré à l'hôtel à minuit, il se fait réveiller à deux heures (quelle conscience !), se dirige vers le pont en question et tend ses lignes au milieu de l'obscurité la plus profonde, mais quel n'est pas son abrutissement lorsqu'à quatre heures, à la clarté de l'aube naissante, il s'aperçoit qu'il pêchait depuis deux heures dans une *rivière sèche !*

Du reste, il est inouï : n'a-t-il pas profité un jour du moment où son train stoppait sur un viaduc pour tendre sa ligne par la portière du wagon !

A part ça, il serait parfait, quoique possesseur d'un tic assommant, celui de faire porter à tout le monde sa bonne *terre à peloter* dans un sac *ad hoc* (il est tellement encombré par ses engins, qu'il faut bien l'aider).

L'acteur atteint de péchomanie conserve même au théâtre ses douces habitudes ; oui, c'est plus fort que lui, le soir, si, en jouant, un de ses camarades se trompe, il le repêche.

LE PAPERASSIER

Le paperassier, c'est Groval.

Il adore Paris ; aussi veut-il absolument être au courant de tout ce qui se passe dans la capitale pendant son absence, et dévore-t-il les feuilles publiques afin de ne pas cesser « d'être dans le train » comme s'il n'y était pas assez !

2.

Dès qu'on arrive dans une ville, Groval demande immédiatement à l'employé qui lui prend son ticket :

— A quelle heure arrivent les journaux de Paris ?

Pendant que ses camarades *font un tour*, jouent aux cartes ou au billard, lui, court de par la ville, cherchant les bureaux de rédaction des journaux locaux, et dépose sa carte de visite dans le casier des critiques dramatiques.

— C'est une politesse à laquelle ils sont sensibles, dit-il à ceux qui le raillent.

Quelquefois, sur sa carte il fait précéder son nom de ces deux mots : *Remerciments anticipés*; c'est quand le journal doit paraître le surlendemain, lui parti.

Dans ce cas-là, il donne quelque sous au concierge du théâtre pour le lui envoyer *au théâtre de X... faire suivre.*

Ces courses faites, il va au théâtre prendre les journaux à son adresse et s'installe dans un café. Là, il commence par dévorer les comptes rendus de l'*Avenir orléanais*, du *Moniteur d'Avignon* ou de la *Gazette de Mont-de-Marsan*, en ayant soin de découper ce qui le concerne.

Puis comme il a promis à sa mère ou à sa... cousine de la rue de Morée de lui écrire tous les jours les incidents du voyage, les anecdotes curieuses qu'on lui apprend, les mœurs des habitants de province, les réponses bizarres qu'on lui a faites, et Dieu sait si elles abondent! il se met en devoir de rédiger pour ELLE un journal quotidien. Et il en barbouille, de ce papier, il en barbouille!

Mais comment diable se tire-t-il d'affaire? Il ne peut relater ce qu'on raconte devant lui, car il lit sans cesse; il ne peut non plus décrire les monuments curieux à voir, puisque, pendant que ses camarades les visitent, il écrit *pour ne pas manquer le courrier.*

Alors que peut-il bien écrire? Ce qu'il a lu probablement.

Voulez-vous des timbres-poste? Demandez-en à Groval, il en a surement à vous céder. Désirez-vous savoir si votre lettre exige une taxe supplémentaire, donnez-la lui, il la soupèsera en homme habitué et vous dira sans se tromper si c'est un ou plusieurs timbres de quinze centimes qu'il faut ajouter.

Il a l'habitude, lui, qui n'arrête pas de lire où d'écrire... même pendant les entr'actes.

— Oh! les paperassiers! Les paperassiers!

LE SECOND RÉGISSEUR

Le second régisseur !

Ah ! en voila un qui ne les bénit pas les tournées.

A peine défrayé, à la fin du voyage il se trouve avoir usé ses fonds de culotte sur les banquettes des chemins de fer pour presque rien.

Et il travaille le malheureux !

Arrivé dans une ville, alors que les artistes vont où ils veulent et font ce que bon leur semble, le second régisseur, lui, reste à la gare pour prendre les bagages et les faire charger sur le camion qui doit les apporter au théâtre, où, une fois arrivés, ils les fait monter dans les loges des artistes ; loges qu'il désigne lui-même et ce n'est par là une aimable besogne, certes, car, il y a toujours un Floridor quelconque qui ronchonne sur l'incommodité, l'insalubrité ou la situation de la sienne.

Aussi, généralement, voici comment le second régisseur procède : au premier étage, les dames ; au second, les hommes. La plus proche à l'Étoile et ainsi de suite *par rang d'affiche* , aussi c'est toujours celui qui joue le domestique du 2 qui s'habille près des... passons. Qnand il a fini cette petite besogne et après avoir donné rendez-vous au camionneur pour onze heures trois quarts, afin de remporter les bagages à la gare, après le spectacle, le second régisseur va à l'hotel où sont descendus les artistes, mais comme il arrive forcément le dernier, alors que les autres ont choisi les meilleures chambres, il n'a plus que le numéro 53, tout là-haut, au fond du couloir à côté des....(*voir plus haut*).

Le second régisseur dine seul: il faut qu'il soit au théâtre à sept heures afin de veiller à ce que décors et accessoires soient prêts.

Sorti du théâtre, le dernier, il grelotte devant la porte des artistes ou fond de chaleur à assister au chargement des bagages.

Les billets pris et les malles des artistes enregistrées, comme il a vingt minutes à lui... et le ventre creux, il avise un caboulot voisin et va casser une croûte, ce qui n'empêche pas le régisseur général de lui dire brusquement lorsqu'il l'aperçoit :

— Eh bien! c'est ça, ne vous pressez pas! voilà une demi-heure que nous vous attendons ! Ah ! vous vous la coulez douce, vous !

! ! !

LE RÉGISSEUR GÉNÉRAL

D'abord, celui-là, il ne faut pas l'appeler régisseur général, ça le froisse, mais bien « mossieu l'administrateur », ça sonne mieux à ses oreilles, puis c'est plus long, le mot a plus d'importance.

Il administre ! Il ne sait pas au juste quoi ? Mais il administre tout de même.

C'est un prétentieux, du reste on n'a qu'à en juger par son costume ! Redingote noire, pantalon foncé, éternellement vissé sur sa tête un chapeau haut de forme (c'est plus commode, en voyage) une sacoche en bandoulière et des gants... Oh ! des gants très noirs... C'est plus gai... et puis ça cache les ongles qui sont de la même couleur.

Le régiss... non, l'administrateur a l'aspect folâtre d'un croque-mort qui voyage en touriste !

Dans le wagon, il s'isole dans un coin et ne prend jamais part à la conversation générale, ce serait déchoir.

Le nez continuellement plongé dans son indicateur fatigué, il fait le train, — il entend par là, regarder l'heure du départ pour le lendemain — quand il serait si simple de se renseigner auprès du chef de gare en arrivant. Malgré ça, les deux heures qu'il consacre à l'étude approfondie du Noriac sont toujours insuffisantes puisqu'elles ne lui permettent pas de voir le meilleur train, le plus commode.

Pour lui, il n'y a de pratique que« les convois qui partent à minuit cinquante ou ceux de six heures du matin. Aussi, il faut voir le succès qu'il obtient quand il propose ses convois pratiques.

Une des grandes préoccupations de mossieu l'administrateur c'est sa visite aux journalistes de l'endroit ; C'est du reste pour eux le chapeau haut de forme et les gants noirs.

En général, le régisseur de ce nom a énormément de tact et s'il a une observation à faire à un artiste, il attend toujours d'être... dans une salle d'attente ou à table d'hôte pour crier une recommandation de ce genre :

— Dites donc, Réguval, tâchez donc de vous faire raser, hein ? Je vous ai vu de la salle, hier soir, vous étiez dégoûtant ?

LE DIRECTEUR

A l'époque où le marronnier du 20 mars songe à confectionner son ombrelle feuillue, les artistes, amateurs de voyage se disent in petto :

— Il faut que j'aille voir si Saint-Albert n'aurait pas besoin de moi pour sa tournée.

C'est que Saint-Albert est aimé de tous ses pensionnaires.

> Combien de directeurs, en ce monde,
> Ne pourraient pas...

Oui, c'est bien le plus agréable impressario qu'on puisse rêver !

Mais dam, il est difficile pour la composition de sa troupe.

Tout d'abord, il ne vous demande pas si vous

avez du talent — lui seul en a et ça suffit, il sait qu'en affichant « Tournée Saint-Albert » c'est le maximum assuré, et puis si vous aviez du talent vous voudriez être payé en conséquence et ça ne ferait pas son affaire.

— Non, il vous demande aussitôt :
— Etes-vous bon voyageur ?

Pour lui, tout est là ! Comme, à la rigueur, il pourrait très bien ne pas partir, (madame Saint-Albert n'en ferait pas moins cuire les haricots) il veut avant tout ne pas être embêté par les grincheux, les retardataires et autres raseurs.

Aussi, ne s'entourant jamais que de gens aimables et de jolis minois, n'a-t-il que l'embarras du choix pour former sa troupe : tout le monde veut partir avec lui ! Par exemple, il exige impérieusement une chose — et pour cela, il est inflexible — que vous n'ayez pas l'air cabot, c'est-à-dire que votre mise soit irréprochable, qu'à table vous ne parliez pas boutique et que vous descendiez dans les premiers hôtels. Tous ses artistes recrutés et la pièce prête, Saint-Albert dit à ses pensionnaires, huit jours avant le départ.

— Mes enfants, il faut vous purger, la vie que nous allons mener pendant un mois, pour être à peu près régulière, n'en est pas moins agitée ; il est bon d'y préparer son corps. Donc, Hunyadi Janos et Ricin ! Allez !

Le succès accompagne presque toujours Saint-Albert dans ses tournées. Je dis presque, car il lui est arrivé — à qui n'est-il rien arrivé ? — une aventure assez amusante, il y a... peu de temps.

C'était à C... dans le Midi. Saint-Albert arrive avec sa troupe vers 2 heures.

A peine descendu de wagon, il est accosté sur le quai de la gare par un joyeux garçon tout rond, tout épanoui, qui lui saute au cou, tout en lui gasconnant :

— Ah ! té voilà, j'avé uneu peur ! tu sé, il y a de la laucation !! Ah ! je t'en prépare un succé !

Saint-Albert était abruti, il ne savait pas du tout qui lui parlait !

C'était tout simplement un monsieur auquel il avait dit un bonjour quelconque, l'an passé, et qui se croyait ainsi autorisé à tutoyer l'artiste !

Le soir, pendant la représentation, notre homme, posté au milieu des fauteuils d'orchestre, dominait ses connaissances chargées de chauffer le *succé de l'ami* Saint-Albert !

Mais va te faire lan laire !

Le spectacle était composé d'une pièce en 3 actes pour lever le rideau et d'un petit vaudeville en un acte, joué enfin par Saint-Albert « qui l'avait créé à

Paris ». Dam ! quand au milieu de la grande pièce, le public ne vit point l'étoile directoriale, il se mit à murmurer et crier sur l'air des lampions « Saint-Albert ! Saint-Albert ! » Le régisseur se présente, ganté blanc, selon la tradition mais ne pouvant dominer le tapage qui allait crescendo se retire au milieu des « Albert ! Albert ! bert... ». Saint-Albert à moitié vêtu entre en scène et va pour s'expliquer, lorsque *son ami* se levant tout-à-coup, lui crie :

— Quand auras-tu fini de te f...re de nous, tu n'es pas dans une bourgade ici, hé ?

Tableau !

Pour terminer le portrait de notre directeur, une anecdote prouvant bien sa paternelle sollicitude pour ses pensionnaires et comme cette histoire absolument AUTHENTIQUE est un peu... croustillante, que mes lectrices veulent bien passer outre.

Tous les huit jours, Saint-Albert donne 5 francs aux célibataires de sa troupe. Je n'ai pas besoin d'insister, je crois, sur le but de cette largesse faite à un point de vue *purement* hygiénique et, comble du dévouement, pour bien s'assurer que les cent sous sont dépensés de cette façon-là, Saint-Albert accompagne ses artistes, seulement lui, ne consomme pas. Rien n'est drôle comme de le voir jeter un louis sur le comptoir de la vieille dame en lui disant :

— Tenez, payez-vous et à l'année prochaine !

LE JOUEUR

Les cartes, toujours les cartes, et encore les cartes !

Il a failli avoir une affaire avec un chef de gare à qui on l'avait signalé comme « bonneteur » dam ! tout le temps il brasse ou fait couper.

En wagon, vous lui dites bonjour, il vous répond : Faisons-nous *cinq* points ?

Et vous n'avez pas eu le temps de dire : « Ouf » qu'il a déjà installé une valise entre vous et lui :

— Un valet ! C'est moi qui fais.

A table, le dessert servi, il met sa pomme ou sa poire dans sa poche et vous souffle à l'oreille : Nous avons 25 minutes, dix fois le temps de faire un écarté.

Si au milieu de la nuit, forcé de changer de train, vous attendez dans une salle d'attente, le sommeil aux yeux :

Le joueur s'approche traîtreusement de vous et vous tapant sur l'épaule :

— Une petite manille !

Quel raseur, ce cartonnier-là, il ne vous laisse jamais en repos.

Evitez le joueur enragé.

TYPES DIVERS

Je ne m'étendrai pas — devant vous — sur la soubrette qui mange tout le temps en voyage, histoire de s'occuper. A chaque station, elle se lève pour demander.

— A-t-on le temps d'aller au buffet? Dis donc, Machin, va donc me chercher une brioche.

Un jour, elle a failli faire rater le train à un de ses camarades qui était allé lui chercher un baba.

Quelle truqueuse! elle guigne le soir ceux de ses camarades qui soupent dans leur chambre et entrant sans frapper:

— Tiens, vous mangez... Oh! faites voir!... vous permettez...

Et elle s'installe.

Une, sur laquelle je ne m'allongerai pas non plus — oh! non — c'est la duègne étourdie, petite folle, va! elle oublie toujours quelque chose dans la ville qu'elle quitte, son parapluie notamment lui revient à 103 francs, à cause des dépêches et des ports qu'elle a dû débourser.

Eh bien, et le prud'homme pontife, celui qui la fait à l'archéologue et qui conduit toujours les nouveaux visiter les curiosités architecturales des villes où l'on passe.

Tantôt, il vous force à grelotter dans les caveaux de l'église Saint-Michel, à Bordeaux, tantôt, il vous plante devant le *Pleureur* de la cathédrale d'Amiens et vous dit : « Hein ? qu'est-ce que vous en dites ? » Un jour, il réclame votre admiration devant les vitraux de la nécropole d'Auch et vous en fait l'historique, le lendemain vous ne pouvez éviter la contemplation prolongée de la grosse horloge à Rouen.

Ah ! vous en avez vu des ogives, des corniches, des flèches, des tours, des gargouilles, des statues, des colonnes et des fontaines ! Tous les siècles y ont passé !

Et pour finir, je vous présente le farceur classique de toute bonne tournée qui se respecte, le rigolo de la bande, le titi de la troupe, celui qui chahute les bottines des locataires de l'hôtel et met la bottine du 2 avec les godillots du 36 ; comme blague, c'est peut-être bien un peu commis-voyageur, mais bast, il en a tellement dans son sac !

Une de ses plus drôles, il faut en convenir, c'est celle qu'il fait à l'éternelle retardaire, la jeune alanguie qui, lorsqu'on part à huit heures, se fait mettre au réveil à sept heures et demie afin de rester au lit jusqu'à la dernière minute se souciant peu d'avoir le cou sale toute la journée.

Que fait le rigolo ? il va à l'ardoise du réveil, efface le 7 et met un 5. Le lendemain matin, il faut voir la tête de la petite dame qui s'est habillée quatre à quatre et qui, prête deux heures trop tôt, n'a même plus le temps d'aller se recoucher !

Somme toute, on ne s'ennuie pas en tournée !

LE SAC DE GÉRONTE

A F. ROUVIER.

« Dans le sac ridicule ou Scapin s'enveloppe,
Je ne reconnais pas l'auteur du Misanthrope ! »

Ce distique monumental a été commis par l'immortel Boileau et rebondira de générations en générations, en compagnie d'une foule de grandes vérités *ejusdem farinæ*.

C'est Géronte qui se fourre dans le sac, ainsi que chacun sait, mais il faut bien que la poésie conserve quelque licence, même sous la plume du plus pédagogue des poètes.

Or, que ce soit le maître ou le valet qui se dissimule sous la toile de ce très vulgaire récipient, il est évident que, pour jouer les *Fourberies de Scapin*, un sac de dimensions énormes est indispensable.

Nous avions monté, entre camarades, une représentation à Rouen, au théâtre Français, et devions précisément jouer, le soir, la pièce susdite, lorsque, dans la journée, je m'avisai que nous n'étions pas pourvus de cet *accessoire* indispensable. En province, on a toujours des difficultés inouïes à se procurer ces choses insignifiantes par elles-mêmes, mais dont l'absence rend impossibles de certaines scènes.

— Assure-toi du sac, dis-je à mon ami Barral, qui remplissait le rôle de Géronte.

— Oh! un sac! Il n'y a pas à s'en préoccuper, me répondit-il, ce sera bien le diable si, à Rouen, où on a sûrement joué les *Fourberies* plus d'une fois, il ne s'en trouve pas un.

— Oui... mais on nous donnera peut-être un sac trop petit pour t'enfermer complètement, tu es plus grand que le commun des mortels.

— Bon, bon, tranquillise-toi; je vais m'en occuper immédiatement.

— Je ne suis pas tranquille du tout au contraire...

Barral me rit au nez et me quitta pour aller s'assurer de la fameuse *pouche*, comme on dit en Normandie.

Le soir, avant d'entrer en scène, je lui demandai : Et le sac ?...

— Je l'ai.

— Parfait.

Je jouais Scapin, naturellement.

La scène du sac arrive, et aussi le moment où, allant le chercher dans la coulisse, le malin valet dit à Géronte :

« Il faut que vous vous mettiez là-dedans, et que
» vous vous gardiez de remuer en aucune façon. Je
» vous chargerai sur mon dos, comme un paquet de
» quelque chose, et je vous porterai ainsi, au tra-
» vers de vos ennemis, jusque dans votre maison,
» où quand nous serons une fois, nous pourrons
» nous barricader, et envoyer quérir main-forte
» contre la violence. »

Je déroule le sac dans lequel Géronte est entré... et quelle n'est pas ma stupéfaction, de voir sur la toile, écrit en lettres énormes :

BERNARD

GRAINETIER

A ROUEN

Naturellement, de la salle on lit en même temps que moi, et force est d'interrompre la pièce, spectateurs et acteurs étant pris d'un fou rire qui dure plusieurs minutes... Enfin l'hilarité se calme et je dis tout bas, à mon camarade : Retourne-toi.

Mais, fatalité étrange ! de l'autre côté du sac, apparaît de nouveau, persistante, implacable, gigantesque l'annonce industrielle :

BERNARD

GRAINETIER

A ROUEN

Les rires reprennent de plus belle, et redoublent, quand le public aperçoit, confus et embarrassé, l'honorable et obligeant commerçant M. Bernard, fort connu à Rouen, lequel se dissimulait cependant de son mieux, dans le coin le plus obscur d'une avant-scène.

Ce n'est pas tout.

Le sac entièrement déroulé n'allait qu'à la ceinture de mon immense Géronte; aussi, chaque fois que je lui disais en *à parte* : « Cachez-vous bien... ne vous montrez pas », c'était dans la salle des éclats de rire spasmodiques, auxquels succédaient des salves d'applaudissements...

Évidemment Molière n'avait pas prévu cet effet-là !

Oh ! cette représentation, quel souvenir ! Heureusement que nous étions très bien vus des Rouennais... et M. Bernard aussi ; nous en fûmes donc quittes pour quelques plaisanteries des journaux locaux ; dans une ville grincheuse il aurait fallu s'en aller.

Mais quand Barral et moi, nous serons vieux, cassés, goutteux, cacochymes et atrabilaires, nous retrouverons encore un sourire, en nous rappelant la représentation des *Fourberies de Scapin*, dans la patrie de Corneille.

CONCERT-EXPRESS

A Ernest MULLER

La scène se passe à Arcachon, cette jolie station balnéaire du golfe de Gascogne dont le doux climat, les pins balsamiques, la plage sans rivale et les huîtres exquises ont fait une des reines du littoral.

C'était pendant la saison estivale de 187...

J'étais en représentations au Casino.

Tous les soirs, pendant une semaine, je monologuais entre deux airs que jouait l'orchestre, conduit par le compositeur Metra.

Une ouverture, une poésie comique, une valse, un soliloque, un quadrille, un monologue, etc., etc., c'était peut-être horriblement monotone, mais je ne m'en plaignais pas.

Maintenant une parenthèse... nécessaire.

Le maire d'Arcachon était alors M. Deganne, riche propriétaire, lequel, par ses goûts artistiques et son amour du Beau, pouvait prétendre à bon droit à l'estime et à la reconnaissance de ses administrés. (Ah ! versatiles Arcachonnais.) Il avait fait construire de ses propres deniers un théâtre fort beau qui, peut-être à cause de sa situation un peu excentrique, n'a jamais été bien fréquenté.

Tous les ans, la petite plage gasconne est honorée de la visite de S. M. la Reine Isabelle, qui vient passer un mois de la saison dans la royale habitation qu'elle s'est fait construire au bord du bassin. La présence de la mère de l'infortuné Alphonse XII ne contribue pas peu à l'animation d'Arcachon.

Or, tous les ans aussi, on profite du séjour de la Reine, pour organiser une grande fête, en son honneur ; cavalcade, mâts de cocagne, joutes sur le bassin, illuminations, retraite aux flambeaux, feu d'artifice etc., etc., rien ne manque pour la plus grande joie... des naturels du pays.

Au mois de septembre de cette année-là, M. Deganne, le maire-impresario (comme Montbars dans *le Mari de la débutante*), se dit : — « Que pourrai-je bien faire, cette fois-ci, pour dérider le front royal ? »

Et, se rappelant bien à point le goût fort prononcé que la reine avait toujours montré pour l'art cher à M. Talbot, il se dit, après avoir poussé le « *Euréka* » classique : « Que la comédie soit jouée ! »

Il prit sa bonne plume de Tolède et manda les comédiens ordinaires de Sa Majesté... le public bordelais... ou plus simplement, il engagea les premiers sujets du théâtre français de Bordeaux.

Après avoir mûrement réfléchi, pesé et jugé chaque pièce qu'on lui offrait, pour savoir si elles étaient assez anodines et incapables d'effaroucher les oreilles des jeunes filles et celles de la Reine Isabelle, *ad usum puellarum et Reginæ*, Monsieur le maire arrêta définitivement son choix sur *L'Été de la Saint-Martin*, la spirituelle comédie des spirituels Meilhac et Halévy, et sur *le Mari de la veuve*, la charmante pièce de Dumas père.

En tout : deux actes... pas davantage... la Reine désirant se coucher de bonne heure.

C'était bien, mais ce n'était pas tout ; rien que de la comédie aurait pu ennuyer Sa Majesté, et de petits airs, pas longs, de fraîches ouvertures jouées entre chaque pièce, ça ne ferait pas mal, pensa M. le maire, qui songea immédiatement aux musiciens de l'orchestre du Casino... Euterpe et Thalie ensemble, ça devait aller comme sur de bonnes petites roulettes...... Eh bien, non, ça n'allait pas comme sur de bonnes petites roulettes, il y avait un empêchement.

A cette soirée de gala n'assistaient que des *invités*, munis de cartes colorées portant la griffe de l'hôte, car, recevant dans son théâtre, M. Deganne était chez lui et par conséquent l'amphitryon ; donc, impossible au vulgaire de pénétrer dans le sanctuaire sans le Sésame, représenté par un bout de carton.

Lorsque M. le maire parla d'envoyer quérir les violons, ses adjoints lui firent respectueusement observer qu'il n'avait pas le droit de priver le public de l'orchestre du Casino. En effet, la représentation de gala n'ayant lieu que pour la Reine et quelques heureux privilégiés, il restait encore un nombre considérable de gens, baigneurs, touristes, habitants, qui n'auraient su de la sorte où passer leur soirée ; donc, faire ainsi relâche au Casino eût été un acte autocratique, et sous la République... mais pas sons.

— Je ne peux cependant faire venir un orchestre entier de la vieille Burdigala ! s'écria M. Deganne. Et un nuage sombre voila un instant le front, jadis si radieux, du premier officier municipal d'Arcachon.

Comme il était abîmé dans ses tristes réflexions

l'impresario officiel aperçut à travers les vitres de sa fenêtre, sur le mur voisin, une affiche du Casino où s'étalait ce nom : Galipaux.

— Galipaux! Galipaux! — murmura par deux fois ce pauvre M. Deganne — ce n'est pas un spectacle... pourtant consultons-le, les artistes ont parfois des idées.

Galipaux, mis au courant de la situation, fut également de l'avis de M. le maire; quatre monologues seulement n'auraient pas suffi à remplir une soirée.

— N'auriez-vous pas, dans vos connaissances, un artiste de passage... en villégiature à Arcachon... chanteur, instrumentiste... qui pourrait vous seconder?

— Si! Et me rappelant bien à point que la veille, j'avais prêté mon concours à un pauvre diable de pianiste qui avait organisé un concert dans les salons du Grand-Hôtel : — J'ai votre affaire, dis-je à M. Deganne, et sans perdre plus de temps, je cours m'assurer du personnage.

Je vole à l'hôtel du chatouilleur d'ivoire, et j'entre essoufflé dans sa chambre, au moment où il faisait sa malle.

— Vous partez?
— Oui, ce soir.
— Non, pas ce soir.

— La voie est encombrée !

— Pas ça, vous jouez avec moi au casino.

— Mais, je ne peux pas rester plus longtemps ici, la vie y est trop chère, et...

— Voyons, une journée de plus n'est pas une affaire, puis... il y a un cachet ; je sais bien que ce n'est pas le Pérou, ce n'est qu'Arcachon, mais enfin...

Et je lui racontai ce qui se passait.

La situation exposée, il me dit :

— Eh bien, j'accepte ; mais à la condition que je prendrai le dernier train pour Bordeaux.

— Vous le prendrez, fis-je, heureux d'avoir réussi.

Et je filai rapporter la nouvelle au maire qui, enthousiasmé, m'ouvrit ses bras ; je m'y jetai... mais j'en sortis... pour aller commander les affiches (il n'y avait pas de temps à perdre, le concert étant pour le soir). Ne sachant comment me remercier du petit service rendu, le directeur *écharpé* m'offrit gracieusement une invitation à la soirée de gala.

J'acceptai avec plaisir.

Le soir, arrivé de bonne heure au casino, je trouvai mon pianiste qui se *faisait les doigts*.

— Déjà arrivé, peste ! pas en retard !

— Dame ! pour prendre le train de 9 h. 10.

— Hein ! ! !

— Oui, le dernier train part à 9 h. 10 et je le prends.

— Comment !

— Dame, vous me l'avez promis.

— Mais, mon cher, c'est de la folie! vous n'y songez pas !

— Je vous ai prévenu.

— Mais vous savez bien qu'aux bains de mer, on dîne fort tard, le monde n'arrive au casino, que vers 9 h. 1/2.

— Tant pis.

— Cependant...

— Alors, je m'en vais tout de suite.

— Hé, là, ne faites pas ça!

Et je donnai un tour de clef pour retenir ce musicien pressé.

La sueur perlait sur mon front.

Que faire devant cet homme qui, ne se contentant pas d'être pianiste était, de plus, entêté comme un âne!... Insister eut été inutile, sa décision était irrévocable.

Bah! me dis-je pour me consoler, j'irai au théâtre Deganne assister à la représentation extraordinaire; je ne suis pas fâché de voir comment les artistes de Bordeaux vont interpréter ces pièces.

— Allons, allons, commençons, me dit l'instrumen... triste.

— Commencer ! ! ! à 8 heures et demie ; mais il n'y a personne dans la salle ; le gaz vient seulement d'être allumé, les huissiers ne sont même pas à leur poste.

— Non, non, commençons... ou je m'en vais.

— Oh ! là... ouf ! eh bien, commençons... c'est raide, enfin !

Je regarde par le trou du rideau et j'aperçois une famille entière, le père, la mère et deux enfants de sexe différent, qui entrait.

— Attendez, au moins, que ces gens-là, qui ont dîné de bonne heure, paraît-il, soient assis.

— Je frappe, hein ? poursuit, sans m'entendre, cet homme du clavier.

— Allons, frappez !

Le rideau se leva mélancoliquement.

Les quatre personnes qui venaient à peine de prendre place, crurent que c'était pour une manœuvre... de la dernière heure, car ils ne firent pas grande attention, mais, la rampe levée et trois nouveaux coups de marteau redressèrent leur tête.

Ils aperçurent alors devant eux, sur la scène, un monsieur en habit, qu'ils ne purent prendre pour un régisseur venant faire une annonce, car ayant vite salué, le pianiste était déjà sur le tabouret, prestement exhaussé.

Ses doigts tombèrent nerveux sur les notes d'ivoire et attaquèrent énergiquement l'andante du

5ᵉ concerto de Herz. La famille bourgeoise n'avait pas eu le temps de jeter un rapide regard sur le programme, pour savoir ce qu'elle allait entendre, que le pianiste avait disparu comme un éclair; ce jour-là, l'andante de Herz fut jouée *prestissimo*.

— Mes enfants, dit le pater familias, ce monsieur que vous venez d'apercevoir, est probablement un accordeur, qui est venu s'assurer de la justesse du piano.

— Il paraît qu'il était en retard, hasarda la jeune fille.

— Il n'avait pas l'air d'avoir un pas bien mesuré, pour un accordeur, ricana la maman, heureuse à l'idée de passer une soirée au spectacle.

— A vous! me cria l'agité.

— Attendez... un couple qui entre.

— Oh! mon Dieu... là... ils viennent de s'asseoir... et ne soyez pas long, hé?

— Craignez rien.

J'entre comme un fou, et lance mon titre :

LES JEUNES FILLES, poème de Daudet.

Nous avons tous, petits ou grands,
Ici-bas, des goûts différents,

— Plus vite! glapit une voix dans la coulisse.

Chacun le sien, dit le proverbe :
Les ânes aiment le chardon.

— Je vais manquer le train !

Nous, nous aimons mieux le mouton,
Et le mouton préfère l'herbe.

— Passez-en !

Et c'est dans ces conditions, que je termine enfin cette poésie, dite devant six personnes. Le dernier vers achevé, je salue et me retire posément, lorsque je me heurte à quelque chose. Je crois tout d'abord me tromper de porte et me cogner contre un portant, mais pas du tout, c'est mon satané pianiste qui, n'attendant pas que je sois sorti, s'est précipité sur la scène et m'a rencontré. Déjà installé au piano, il commence *La danse des fées*, de Prudent, et sur quel rythme, bone Deus ! pif, paf, parapapa, pif, pouf, dig, dig, boum, boum !

Je commence à m'essuyer le front, lorsqu'il rentre dans la coulisse, comme une trombe.

— Eh bien, vous ne jouez pas votre morceau ? demandai-je.

— J'ai fini.

— Pas possible !

— Si fait. A vous !

— A moi ! ! ! et je sors de scène !

— Non, c'est moi.

— Ensemble, alors,

Comme je résistais, il me pousse et j'entre abasourdi. Je salue, tout en songeant à l'acte d'inserséisme que nous commettions, et j'annonce : « *Les Écrevisses* », en pensant à toute autre chose.

Vous dire l'effroi des rares spectateurs égarés dans la salle, est chose impossible ; il me faudrait la plume de Dickens pour vous dépeindre la stupéfaction profonde, mêlée d'abrutissement, qu'on lisait sur la figure de ces gens-là. Leurs yeux sortaient de l'orbite. Ils nous regardaient, hébétés, comme on dévisage des hallucinés, atteints de la danse de Saint-Guy ; c'était de la terreur. Nous avions l'air d'affolés, d'hystériques, de gens possédés d'un démon invisible qui les pousse malgré eux à agir. Nous semblions mus par un ressort électrique et mystérieux.

C'était de l'Edgard Poë, tout pur.

Les huit premiers vers récités :

— Passez deux strophes, me cria l'enragé musicien.

C'était ma dernière soirée.
Quand vers six heures moins le quart...

— Neuf heures moins le quart ! me hurle le pianiste.

Enfin, la poésie répétée, comme l'eût fait un enfant pressé d'aller en récréation, je rentre dans la coulisse, anéanti et tombe dans un fauteuil. J'étais en eau! Je m'éponge en soufflant : faisons... un arrêt.

— Un entr'acte! tressaute ce prédécesseur de l'homme-cheval. Vous n'y pensez pas!

Et il bondit sur la scène.

Je parviens à retenir un pan de son habit :

— Grâce, grâce! suppliai-je à genoux.

Le pan m'échappe, et l'homme était au piano.

Tout le monde connaît la Rapsodie hongroise de Listz, on sait avec quel mouvement endiablé ce morceau doit être joué, sans quoi il perd son caractère. Eh bien! je défie ici quiconque, fut-ce Kowalski, qui a cependant un merveilleux doigté, de jouer cette page avec une rapidité aussi vertigineuse, une nervosité aussi intrépide, un entraînement aussi diabolique que celui de mon complice. C'étaient des gerbes éblouissantes, d'inépuisables scintillements, une sarabande de croches, un roulement de gammes, un tonnerre de variations, un ruissellement de cascades musicales : absolument fantastique!

Mon pianiste-télégraphe sorti de scène, sans même revenir saluer les dix personnes, fortement malades qui se trouvaient dans la salle sauta sur son sac de nuit et fila sans même prendre le temps de me serrer la main.

Enfin, après un pareil exercice, il n'y avait plus qu'un morceau que je pouvais dire : l'*Obsession*.

Alors, rassemblant tous mes moyens vocaux, j'eus la force de jouer ce monologue quasi-lyrique avec une célérité digne de mon acharné pianiste. Je finissais, lorsque j'entendis au loin le sifflet de la locomotive qui emportait l'homme-foudre. J'étais rassuré, il n'avait pas manqué le train, mais, à mon avis, il aurait mieux fait d'aller à Bordeaux à pied, il serait peut-être arrivé plus tôt.

Le concert se termina à neuf heures, alors que le monde commençait à remplir le Casino.

Je me sauvai comme un fou pour éviter les horions dont le public avait le droit de me gratifier.

Ce fut, je l'avoue, avec une immense satisfaction que je me retrouvai dans le Parc où je pus, en me cachant soigneusement, respirer un peu d'air frais.. bien gagné.

— Neuf heures! Que faire? je suis en habit. Tiens, je vais aller à la représentation de gala.

J'arrive au contrôle, on me dit :

— Eh bien, mais, vous ne jouez donc pas, ce soir, au Casino? Dépêchez-vous, vous n'avez que le temps, vous savez, ça va commencer.

— C'est même fini !

— Ah, bah !

Et j'entrai prendre place, au grand ébahissement des huissiers qui n'en revenaient pas.

Le lendemain, j'appris que sur la douzaine de spectateurs qui avaient assisté au Concert-express, six avaient fait demander le médecin.

4.

A Leon RICQUIER.

De toutes les maladies dangereuses, la plus terrible et la plus foudroyante est certainement la rage du théâtre.

Ce genre d'hydrophobie est peut-être le seul devant lequel la science de Pasteur resterait impuissante.

Oui, tout individu piqué de cette tarentule peut se considérer à bon droit comme f... lambé, la piqûre est venimeuse.

En effet, on a vu des artistes, ayant amassé un petit pécule, renoncer à l'Art, à ses pompes et à ses œuvres, autrement dit à ses succès et à ses vestes, se retirer de cette vie, fiévreuse et agitée s'il en fut, avec le désir bien arrêté de bourgeoiser tranquillement, de devenir pot au feu en diable, et moins de cinq ans après, remonter sur les planches, tant le feu sacré qui semblait éteint chez eux était encore vivace.

Du reste, on n'a qu'à jeter un coup d'œil sur le passé : combien de comédiens, je parle seulement des grands talents, ont joué tard sur leurs vieux jours, ne consentant jamais à prendre un repos bien gagné et, se croyant toujours jeunes, ont affronté gaiement le feu de la rampe !

La liste en serait longue de ceux qui, enviant l'immortel Molière, mourant en scène, en prononçant le fameux *juro* d'Argan, sont restés sur la brèche en dépit de tout et de tous, s'y acharnant toujours et quand même.

Malgré ou peut-être même à cause des difficultés inouïes, des obstacles insurmontables, des nombreux froissements d'amour-propre et des déboires sans fin qu'on éprouve dans la carrière dramatique, il se trouve un nombre considérable de gens qui veulent chausser le cothurne (expression d'autant plus bizarre, qu'on l'applique souvent à des gens qui n'ont pas de souliers.)

Ces malheureux assoiffés de gloire, qui ont souvent toutes les facilités... pour faire autre chose que du théâtre, et auxquels on ne saurait trop répéter le vers de Boileau :

> Soyez plutôt maçons si c'est votre métier.

mènent pour la plupart une existence bien misérable. Ils servent les trois quarts du temps de souffre-douleur à leurs camarades et on se demande, en les voyant, s'il faut en rire ou en pleurer.

Pour celui qui va nous occuper, il faut en rire, car, il a pris son parti en brave et a renoncé, pour quelques temps du moins, à la décevante et trompeuse carrière théâtrale, pour une plus lucrative et plus calme : il s'est fait teinturier.

C'est à présent un homme de couleur.

Si vous le voulez bien, nous le nommerons Caméléon : ça nous rappellera son métier.

Donc, Caméléon sentit un jour chez lui une vocation irrésistible pour l'art dramatique; ça lui était venu tout d'un coup, comme l'attaque d'apoplexie.

Mais il n'était pas encore bien fixé sur le choix du genre qu'il adopterait; serait-il dieu, table ou cuvette? il l'ignorait.

Pour faire cesser cette cruelle incertitude (car le doute est l'ennemi de l'homme, dit-on en philosophie) il eut, le malheureux, la triste idée d'aller consulter les artistes du théâtre du Palais-Royal!!!

Ce ne fut pas là, ce qu'on appelle ordinairement une bonne inspiration... Mais n'anticipons pas.

Caméléon enfreignit donc le dur réglement du théâtre et, soudoyant à prix d'or (50 c.) l'aimable Pomard, alors le gardien sévère mais juste du Temple de la Gaîté (quoi que ce soit au Palais-Royal), put franchir la porte d'ordinaire obstinément close au *profanum vulgus*.

Arrivé au seuil du « Bain à quatre sous », il frappa bien timidement, le *povero*, et reçut un « entrez » poussé par huit gaillards dont les voix tonitruantes clouèrent sur place mon pauvre Caméléon, qui, pressentant sans doute son état actuel, changea de couleur.

Mis au courant de la situation et lorsque le jeune néophyte eut adressé sa requête, le Bain, par la voix de son secrétaire, le machiavélique Numès, répondit au futur martyr, qu'il y avait lieu de se réunir et que le comité lui écrirait le jour où il pourrait venir passer l'audition demandée.

Caméléon radieux partit enchanté et ne dut pas dormir beaucoup cette nuit-là !

A peine avait-il refermé sur lui la porte du Bain, que tous les baigneurs éclatèrent en sourdine, à l'idée de la bonne farce que l'on allait jouer au naïf, à ce monsieur qui se figurait que, pour jouer la comédie, il suffisait de monter sur les planches.

L'examen devait avoir lieu le lendemain, en grande pompe; tout le Bain y assisterait.

Maintenant, une explication nécessaire et que le lecteur a déjà dû chercher.

Qu'est-ce donc que le « Bain à quatre sous? »

Voici : personne n'ignore que le théâtre du Palais-Royal n'a rien de commun avec la salle du Trocadéro... en tant qu'espace, bien entendu.

Or, la salle étant extrêment exiguë, on ne se fait pas une idée de ce que sont foyer d'artistes, loges, couloirs, bref la partie du théâtre qu'on ne voit pas ; ce que le potache appelle, en faisant des yeux blancs : les coulisses !

Au Palais-Royal, les loges d'artistes sont réduites à cinq seulement plus une pour les choristes là-haut, là-haut.

Sur ces cinq, les vedettes en prennent une chacun, ce qui fait qu'on empile tous les autres dans la même : Le bain à quatre sous ! Nom bien caractéristique et qui s'explique de lui-même. On attribue à Lassouche la paternité de cette expression ; un jour que, recevant une visite (jadis ! ! !) il s'écria : « Montez-donc là haut, — *au bain à 4 sous !* »

En effet, quand on y entre, c'est un bain pour la chaleur et le déshabillé qui y règnent.

A présent le lecteur en sait autant que moi.

Le jour de la réception arriva.

On jouait alors *Divorçons*. L'examen devait avoir

lieu pendant un entr'acte, afin que tous pussent y assister.

Une petite mise en scène avait été préparée pour cette cérémonie.

Ainsi, devant l'unique fenêtre de la loge (qui

permet qu'on n'étouffe pas tout à fait), on avait cloué de grands journaux qui allaient du haut en bas du chambranle, au milieu de cette toile de fond improvisée, on avait dessiné au charbon un masque comique, (afin qu'il n'y eût pas d'erreur, on l'avait écrit dessous.) Au haut de la fenêtre, on avait attaché un petit buste de la République (?) qu'on avait trouvé dans un placard ; à droite et à gauche, deux portants pris en bas, et par terre, tout le long, servant de rampe, huit ou dix morceaux de bougie ; avec tous les becs de gaz allumés : c'était complet.

A neuf heures, Caméléon se présente.

Un frémissement d'aise passe sur tous les visages.

— Je ne suis pas en retard ? hasarde le malheureux.

— Non.

— Voyons, venez ici qu'on vous arrange.

— Comment ?

— Savez-vous vous faire une tête ?

— Hein ?

— On vous demande si vous savez vous maquiller ?

— Oh ! un peu, fait-il pour montrer qu'il sait quelque chose.

— Déshabillez-vous.

— Que je me...

— Oui, déshabillez-vous, nous allons vous grimer.
— Est-ce bien utile?...

— Je crois bien... pour voir si vous avez la « gueule » lui dit Numès, d'un ton sérieux.

— Ah! bon, bon, murmure Caméléon, convaincu.

Tout d'abord on lui enduit la figure et le cou d'un coldcream appelé généralement saindoux; après, une couche de blanc gras bien étalée recouvre tout son visage, la poudre de riz vient ensuite saupoudrer le tout et on commence alors à lui faire une tête auprès de laquelle celle qui surmonte les épaules d'un Cynghalais n'est que de la saint-Jean.

— Mets du rouge, dit Pellerin.

Et Numès lui dessine un rond rouge, grand comme une pièce de cinq francs, sur chaque joue.

— N'oublie pas le bleu, fait Garon.

Et Numès de border d'un beau bleu ces deux circonférences rougeâtres.

— Eh bien, et le crêpé ? ajoute Numa.

Ce bandit de Numès colle alors avec du vernis, du crêpé dans les sourcils de la victime, il lui met des moustaches, de la barbe, des favoris, je ne sais même pas s'il ne lui en a pas mis un peu dans le nez, pour simuler quelques poils follets.

— Tu ne lui dessines pas quelques rides ? insinue Raymond.

Et le coupable Numès d'ajouter en long, en large, en travers, en biais de grosses raies marron qu'on aurait aperçues à dix kilomètres ; le malheureux avait l'air d'un prisonnier derrière les grilles de son cachot.

— Sapristi, il n'a pas de perruque !

Et tous ces criminels de chercher la plus longue, la plus lourde et la plus gênante des perruques, que l'assassin Numès appliqua sans mot dire sur la nuque du souffre-douleur qui suait sang et eau.

Le premier acte de *Divorçons* terminé, les autres artistes montèrent ; ce furent d'abord Daubray, Calvin, puis Plet, Luguet, sans compter Hyacinthe, venu d'Asnières exprès, Lhéritier, Montbars et votre serviteur qui venait pour la première fois, depuis son engagement, ce qui lui donna une rude idée de la dose de mélancolie qui régnait dans le théâtre où il entrait.

Vous dire *l'épatement*, c'est le mot, des nouveaux arrivés, à la vue de cet horrible chienlit, est impossible ; je vois encore Plet qui tomba sur une chaise, le malheureux se tordait, j'avoue que, pour ma part, n'étant pas de la force de ces fameux pince sans-rire, j'eus bien de la peine à tenir mon sérieux.

— Allons, commençons vite, dit Daubray.

Le patient remet son paletot, enjambe la rampe stéarinesque et, après avoir salué ce public diabolique, demande ce qu'on exige de lui.

— Que savez-vous ?

— *La Grève des Forgerons.*

— Ah ! en français ? interroge Calvin.

Plet se roule.

— Dame ! fait Caméléon, qui commençait à être abruti.

— Dites-nous la.

Il commence.

A peine, a-t-il dit les trois premiers vers, que tous les artistes qui étaient assis sur des chaises placées en rang, comme pour entendre quelque chose de sérieux, se lèvent, lui tournent le dos et vont dans un coin de la salle, se former en rond.

Comme le patient ne comprenait pas la cause de ce mouvement de rotation, il s'arrête un instant.

— Continuez, lui crie-t-on de toutes parts, le jury délibère.

Il continue ; tout le monde sort et le pauvre naïf reste seul, en train de dire la poésie de Coppée.

Quelques instants après, le jury qui était sorti

pour s'esclaffer à son aise, n'y tenant plus d'un tel effort, rentre et ordonne à l'aspirant artiste :

— Dites-nous le même morceau en auvergnat.

Plet tombe par terre.

— Comment, vous ne comprenez pas ? c'est bien simple. Et Milher de dire :

— Mon hichtoire, mechieure les juges, chera brève; voichi :

— Ah! bon, et Caméléon fit ce qu'on lui demandait !

— Assurément, c'est très gai, la *Grève des Forgerons*, dit Numès, mais n'auriez-vous pas quelque chose de plus en dehors, du même genre, moins grave ?

tenez, par exemple, savez-vous : *J'aime pas l'veau.* C'est très bien *J'aime pas l'veau* et ça entre bien dans vos cordes. C'est de Milher et de moi, je m'étonne que ce morceau ne fasse pas partie de votre ré-

pertoire... alors, quel est le directeur qui vous engagera?

— Je l'apprendrai, monsieur, balbutie Caméléon.

— C'est bon. Chantez-nous une chansonnette.

Et le malheureux offre de chanter *Le Second mouvement*.

— Va pour le *Second mouvement*, dit Daubray, vous ne savez pas le troisième?

— Non, monsieur.

— Oui, ajoute des Prunelles, comme pour renseigner le jury, il n'a fait que des études superficielles.

La chansonnette chantée au milieu de rires difficilement contenus, Numa dit à Caméléon :

— Pourquoi ne pas être franc? est-ce qu'il ne valait pas mieux nous dire tout de suite : « Je suis élève de Duprez! »

— Mais, monsieur, répond le pitoyable postulant, je n'ai jamais pris de leçons de personne.

— Allons donc! Ce n'est pas possible, exclame le chœur.

— Si, si, fait le chanteur flatté.

— Voyons, maintenant vous allez redire la chansonnette sans parler... je m'explique : vous allez la penser simplement en vous contentant de ne faire que les gestes. C'est pour voir si le geste est bon.

Plet se tord.

— Là, à présent, continue Daubray, retournez-vous, regardez la toile de fond et recommencez à chanter... mentalement.

Et Caméléon de regarder le mur en gesticulant en silence.

Ah ! c'est là qu'on en a profité pour rire un peu.

Les uns mettaient leur mouchoir dans la bouche, les autres moins forts sortaient n'y tenant plus.

— Voyez-vous ! comme il a la figure expressive !

— Quelle physionomie mobile, ce garçon-là !

— Là, maintenant, recommencez, de profil.

— Bien, bien, non, de l'autre côté!... oui, là... comme ça.

— Ah! mes enfants, dit Daubray, voyez comme le bout de son nez remue.

— A-t-il un nez amusant! Son nez parle positivement.

La sonnette de l'entr'acte retentit.

On abrégea par force cette nouvelle inquisition.

— Mon cher ami, nous vous délivrerons demain un certificat avec toutes nos signatures; vous le ferez d'abord parapher par M. Luguet, le régisseur général, et vous vous présenterez ensuite chez M. Briet, le directeur... vous êtes sûr de votre affaire.

L'acte recommençait.

Plusieurs artistes descendent et parmi ceux qui restent, Caméléon trouve encore des ennemis.

— Pour vous démaquiller, dit Pellerin, voici une serviette et de l'eau.

Tout le monde sait que l'eau est impuissante à enlever le fard; on n'arrive à se nettoyer bien complètement qu'avec du cold-cream.

— Quant au crêpé, ajoute le féroce Numès, c'est bien simple; faites-vous raser les sourcils; nous, la première fois, c'est ce que nous avons fait.

Le bien à plaindre Caméléon, désireux d'aller respirer un air pur, réconfortant et qui pût le remettre de toutes ces émotions, sortit précipitamment avec son fard et son crêpé sur la figure.

Si on ne l'a pas arrêté ce soir-là, c'est qu'il y a un Dieu pour les naïfs.

Le lendemain, muni de la bienheureuse pétition, il se présenta chez les directeurs en agitant triomphaement son certificat.

MM. Briet et Delcroix détruisirent les beaux rêves de Caméléon en lui apprenant qu'on s'était f...u de lui.

Sorti comme un fou, en jurant de se venger, Caméléon cherche partout Numès pour le tuer.

DÉCEPTION

A Léon **LAMQUET**.

Un beau matin du mois de mai de l'année dernière, je reçus une lettre dont le format et l'odeur trahissaient hautement la provenance.

— Cette missive ne m'est évidemment pas envoyée par un chaudronnier, me dis-je en la retournant dans tous les sens. Car, je ne sais si vous êtes comme moi, mais quand je reçois une lettre de quelqu'un qui m'est cher ou d'une personne inconnue, avant de décacheter la lettre, je me livre à un vrai petit travail; je la soupèse (ce n'est pas que j'aie l'habitude de recevoir des lettres chargées, hélas !) je la flaire, je tâche, si je ne connais pas l'écriture, de deviner l'envoyeur, d'après le nom du quartier estampillé sur l'enveloppe, et ce n'est que lorsque je suis suffisamment intrigué que je me décide à l'ouvrir.

Aussi ne fis-je sauter le cachet armorié que j'avais devant moi qu'après m'être vainement demandé : De qui ?

Tout d'abord, le premier sentiment qui s'empara de moi fut un ennui énorme. Car, déchiffrer des hiéroglyphes n'est pas mon fort, et les pattes de mouche que j'avais devant les yeux étaient de purs casse-tête chinois.

Enfin, avec une patience dont mes amis ne me soupçonnent pas capable, je parvins à deviner ceci :

« Monsieur,

» J'ai eu bien souvent le plaisir de vous entendre et notamment dimanche dernier, dans un concert au Trocadéro.

» Fort désireuse de vous connaître et ayant absolument besoin de vous voir pour vous parler d'une chose qui vous intéressera, je vous supplie de bien vouloir prendre la peine de passer chez moi demain, dans la matinée.

» *Signé :* Mlle FONTANGES.

Rue de M***.

— Hé ! hé ! mais voilà, dis-je, qui est du dernier galant.

Voyons, voyons, je ne me trompe pas ? Et de relire.

Mais non, c'est bel et bien un rendez-vous, il n'y a pas à en douter. C'est clair comme le jour.

Ah ! mais ce n'est pas tout ça. Irai-je ou n'irai-je pas ? *That is the question !*

Est-ce sérieux ? Je n'y crois guère. Un rendez vous, à moi ! non, ce n'est pas possible, je ne suis pas assez veinard pour que cette bonne fortune m'arrive... et puis, il n'y a que dans les romans que l'on reçoit des rendez-vous d'une inconnue.

Non. C'est une farce que m'auront voulu faire quelques joyeux camarades qui iront rôder aux abords de la maison indiquée et se gausseront tout à leur aise de ma folle naïveté. — Oui, c'est une fumisterie, comme aurait dit Lamartine. — N'y allons pas, c'est plus sage.

Et de déchirer le billet qui avait troublé un moment la quiétude de mon âme.

Mais cependant, s'il était vrai qu'une jeune et jolie fille m'ait remarqué? Après tout, il n'y a rien là de si extraordinaire, et on a assurément vu des choses plus fortes, par exemple, refuser du monde au théâtre Beaumarchais.

C'est égal, une jeune fille... écrire à un artiste... c'est risqué ! Enfin, tant mieux.

Je ne songeai plus alors qu'à cette aventure et la journée qui me séparait du bienheureux moment me parut interminable.

. . . .

Inutile de vous dire, cher lecteur, que ce matin-là on n'eut pas de peine à me réveiller.

Ce fut l'une des rares matinées où j'assistai au lever du joyeux Phœbus.

Ma toilette fut cependant longue, malgré mon impatience, car jamais je n'y apportai un tel soin. Je refis dix fois le nœud de ma cravate.

> ... Mon crâne était couvert
> D'un tube reluisant d'un soigneux coup de fer.

Mon vêtement était irréprochable de chic. — On me l'avait apporté le matin même, heureux hasard. On se serait miré dans le vernis de mes bottines et mes gants eussent été enviés par le plus élégant sportman ; bref, j'étais tout à fait copurchic, comme on dit maintenant.

Je consultai fiévreusement l'indicateur des rues pour savoir dans quel quartier respirait celle... Je tressaillis en voyant que la rue de M... donnait dans l'avenue des Champs-Elysées.

— Allons, allons, le coup de fer n'était pas de trop !

Je descendis et inspectai plusieurs fiacres avant de fixer mon choix.

Enfin une voiture passa, elle était jaune !!

Mauvais présage, pensais-je : mais bah ! la superstition n'est pas mon fait. Je l'arrêtai. Du reste le carrick de l'automédon était vert, couleur de circonstance.

Nous roulâmes. Arrivé à la rue de M... mon *fringant attelage* s'arrêta devant une maison qui détonnait au milieu des autres.

Elle était de modeste apparence, à l'encontre de celles qui l'entouraient. Et je m'étonnais de trouver cette bourgeoise au milieu de ces aristocrates. Elle semblait, là, l'oubliée, la Cendrillon en pierre de taille.

Mais n'ignorant pas que dans les petites boîtes sont les... je passai outre. Je jetai le nom au concierge et m'apprêtais à jouir de cette nouvelle invention qu'on nomme l'ascenseur, lorsque le vieux cerbère me cria :

— Pas par là... au 3e, à gauche, le petit escalier au fond de la cour !

Sapristi ! 3e, petit escalier... hem, hem ! enfin ! je gravis péniblement. Je ne vous décrirai pas la solennité de l'escalier... d'abord parce que ça vous ennuirait... et moi aussi... et qu'en outre, l'escalier était très loin d'être solennel. Qu'il vous suffise de savoir qu'il était laid, crasseux, et que les murs suintaient dru. Je gravis les marches en bois non ciré, et je m'arrêtai devant une petite porte sur laquelle une carte de visite éclatait... C'est bien là... je tirai discrètement la patte de biche et n'eus que le temps de jeter un dernier regard sur ma toilette, lorsqu'on vint m'ouvrir.

Une petite bonne accorte me fit entrer dans une antichambre où mes yeux furent aussitôt attirés par une Léda en marbre blanc.

Peu d'instants après, la soubrette, à l'air dégagé, ouvrit une porte cachée par une merveilleuse tenture de Smyrne et je passai dans la chambre de sa maîtresse.

Ce que j'aperçus en entrant... il m'est impossible de vous le dire!... je ne vis rien... si, une, obscurité complète... à tel point que, voulant faire un pas, je trébuchai, sur une marche traîtresse...

— Venez! soupira une voix alanguie.

Et, comme j'écarquillais les yeux pour distinguer quelque chose :

— Par ici !

Et l'on me prit la main pour guider mes pas incohérents.

Cependant, je commençai doucement à me rendre compte des êtres à la faible lueur d'un minuscule lampion dont le timide éclat était encore tamisé par l'épaisseur d'un verre rouge.

En ce moment, ce que je ressentais... ou plutôt ce que je sentais... c'était l'odeur troublante de ces pastilles du sérail que mon invisible interlocutrice avait probablement fait venir de Rivoli-Arcade !

Après m'être excusé d'arriver en retard... histoire de dire quelque chose, car j'étais en avance... je demandai ce qui pouvait me valoir le plaisir...

C'est égal, à ce moment je devais être bien drôle, car je parlais au hasard, ignorant si on était devant ou derrière moi.

— Mon Dieu, me dit d'une voix faible ma mystérieuse inconnue, je vous prie tout d'abord d'excuser la hardiesse de ma démarche, mais je voulais vous voir d'abord pour vous dire quel plaisir... (ici les compliments d'usage) et ensuite pour vous avouer combien je pense à vous.

— Mon Dieu, madame !

L'obscurité absolue qui nous entourait me permettait de rougir à mon aise.

— Oui, je tenais à vous parler moi-même, car une lettre, hélas ! ne vous aurait pas dit... (là un soupir gros de promesses).

— Que votre vie est agréable, reprit-elle soudain, vous allez de fêtes en fêtes, les invitations vous arrivent par douzaines, partout on vous désire, on vous choie, rien n'est trop beau pour vous. Oh ! être artiste ! quel rêve !

— Je ne vois pas encore, madame...

— Et les femmes, me dit-elle tout à coup en me saisissant les mains. Ah ! les femmes ! combien seraient heureuses d'être la préférée ; mais vous allez voltigeant de la blonde à la brune, sans vous soucier, petits libertins, des blessures cruelles que vous avez pu faire.

— Oui, mais dans tout cela...

— Vous en connaissez beaucoup, n'est-ce pas de ces belles jeunes filles, de ces petites actrices si

Parisiennes, si coquettes qui peuplent vos coulisses ?

— Mais oui...

— Et appelé dans le monde, comme vous l'êtes tous les soirs, vous coudoyez des marquises du noble faubourg, vous voyez là des femmes du meilleur monde, j'en suis sûre ?

— Assurément, mais...

— Eh bien, j'ai pensé que vous pourriez m'être utile, en priant toutes ces aimables et jolies femmes que vous fréquentez, de s'adresser à moi pour tout ce qui regarde la parfumerie. Je tiens à leur disposition : savons dulcifiants, crème onctueuse, poudres de riz, vinaigre de toilette, nakara des Indes, lait antéphélique, pommade Dupuytren, iris de Florence, mais surtout, ma spécialité, l'eau dentifrice qui a la propriété de blanchir les dents et de rougir les lèvres.

Je renonce, chers lecteurs, à vous dépeindre l'ahurissement que me causa cette réclame inattendue, récitée avec une volubilité auprès de laquelle celle de Sarah Bernhardt n'est que de la Saint-Jean.

Et voilà donc pourquoi je m'étais fait beau et avais pris une voiture pour arriver bien vernis et tout frais !

— Du reste, pour que vous parliez de mes produits en connaissance de cause, reprit-on, je vais vous faire remettre un paquet de poudre de riz et un flacon de mon eau dentifrice.

L'emploi de ce liquide a besoin d'un mot explicatif :

Après vous être lavé les dents, comme d'habitude, avec de la poudre ordinaire, vous vous rincez la bouche, et ayant versé une goutte de cette eau dans ce petit godet en porcelaine, vous trempez le pinceau que voici et vous frottez. Essayez et vous m'en direz de bonnes nouvelles.

Je n'eus pas le temps de protester que l'on avait déjà bourré mes poches de paquets, flacons, godets, pinceaux et de prospectus en nombre tel que je disparaissais entièrement dessous.

Mon ébahissement ne me quitta que chez moi, où j'étais rentré, sans même m'apercevoir de la route. Le lendemain, par curiosité, j'essayai cette fameuse eau ; après l'opération que je fis avec soin, je m'aperçus, ô désespoir, que j'avais les *lèvres blanches et les dents rouges !!...*

LES INITIALES

A Georges **PEYRAT.**

— Entrez! dis-je du ton brusque d'un homme qu'on vient de réveiller tout à coup.

Et mon ami Jules, fit son apparition dans ma chambre. Il enjamba pantalon, habit, chapeau, qui traînaient par terre, et s'asseyant sans plus de façon au pied de mon lit — bien qu'un siège vacant ne fût pas introuvable — il aborda carrément la question, me lançant à brûle-pourpoint cette phrase traîtresse :

— Que fais-tu ce soir?

— Je me coucherai, fis-je en me retournant de l'autre côté pour montrer à mon ami que, s'il s'en allait tout de suite, il me ferait bien plaisir et me permettrait ainsi de reprendre le somme interrompu.

Mais, hélas, Jules était comme l'avare Achéron!

— Eh bien, puisque tu es libre, reprit-il, je t'emmène avec moi chez madame de Saint-Girieix.

— Pourquoi faire?

— Comment, pourquoi faire? mais tu n'as donc pas lu les journaux! Elle donne ce soir un bal splendide dans son hôtel, avec kermesse et tout le tralala, au profit des veuves des matelots suisses morts victimes de leur dévouement pendant cet incendie terrible qui a détruit une partie de Berne! Mais on ne parle que de cette fête; ce sera absolument féerique, il faut y venir!

Judic vendra des pêches, Granier des bretelles, Léonce doit faire du trapèze à 6 mètres de hauteur dans le cour d'honneur, enfin, je compte sur toi.. Eh, bien! qu'est-ce que tu as? tu restes abruti... on dirait, ma parole que tu ne comprends pas.

6

— En effet, je ne comprends pas comment toi, qui me connais, toi, mon ami, à qui je n'ai jamais fait le moindre mal, toi qui n'ignores pas ma profonde antipathie pour ces petites fêtes chorégraphiques, tu viens m'inviter à en subir une... Oui, je sais, avec toi... C'est égal, je te remercie du choix, mais je ne puis...

— Oh! voyons, tu ne vas pas me refuser de m'accompagner, à présent surtout que j'ai annoncé ta venue à madame de Saint-Girieix. Ce serait joli... tu me ferais passer pour un farceur !

— Comment, est-ce que... maladie subite... empêchement imprévu...

— Sont des clichés usés, mon cher.

— Et puis, crois-tu que madame de Saint-Girieix n'aura pas autre chose à faire qu'à te demander de me présenter... Dans ces soirées-là, c'est à peine si la maîtresse de la maison regarde les gens qu'on lui présente... Non, va, un de plus, un de moins, ce n'est pas ça qui...

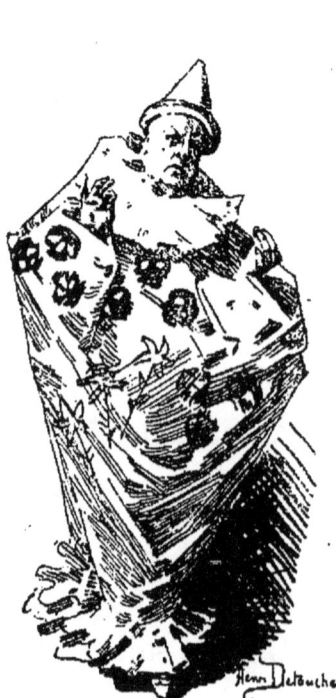

— Voyons, ce n'est pas sérieux, ce que tu me dis là.

— Parfaitement. Et, tiens, puisque tu n'es pas convaincu, écoute et suis mon raisonnement :

La foule m'énerve, ce soir, on s'étouffera ; tu sais quel mal je me donne pour collectionner dix pièces de vingt sous et tu n'ignores pas que pour tenir tête aux assauts nombreux des jeunes bouquetières, aux sollicitations pressantes, des marchandes de programmes, cigares, etc., il faut pouvoir posséder une certaine quantité de ces petits papiers bleus dont la Banque a seule le monopole. De plus je suis extrêmement fatigué et tu trouveras bon...

— Non, non, non, mille fois non. Je viendrai te prendre à dix heures, nous irons y passer un moment, et nous rentrerons bien gentiment nous coucher chacun chez nous. Allons, c'est entendu, tu acceptes?

— Ah! que le diable t'emporte! je m'étais juré de ne pas sortir ce soir... Eh bien, oui, là! j'irai, mais à une condition *sine qua non*. C'est que nous n'y resterons pas plus tard que minuit et que tu ne m'obligeras pas à danser la moindre polka?

— Soit!

. . . .

A dix heures précises, Jules arrivait sous les armes, claque et camélia compris.

Vingt minutes après, nous descendions de voiture devant le perron de l'hôtel de madame de Saint-Girieix.

Lanternes vénitiennes, plantes rares, orchestre Desgranges, sibylle, petits chevaux, rochers factices au milieu desquels serpentait un filet d'eau coloré en vert par un continuel feu de bengale invisible; bref, rien ne manquait.

Nous montâmes au salon de danse.

Je ne sais si vous êtes comme moi, mais rien ne me semble drôle comme de voir cirer le parquet à un tas de gens essoufflés, rouges comme des tomates et suant sang et eau; ils tournent deux à deux, sans se parler et avec la dignité de gens qui remplissent un sacerdoce; oui, ça m'amuse toujours de voir sauter ainsi mes contemporains... Ah! j'avoue que la chorégraphie est un sens qui me manque!

J'étais donc dans l'embrasure d'une fenêtre, en train de contempler les minois plus ou moins chiffonnés, lorsque Desgranges, levant son archet magique, donna le signal de la danse. Les couples se formèrent.

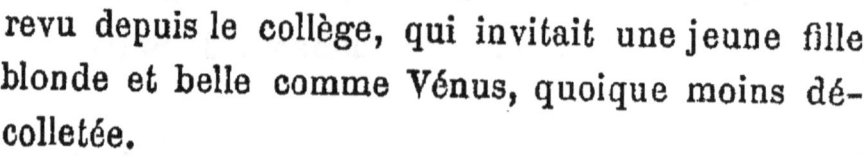

J'aperçus alors Octave, un de mes amis que je n'avais pas revu depuis le collège, qui invitait une jeune fille blonde et belle comme Vénus, quoique moins décolletée.

La jeune fille se leva, Octave posa son claque sur

sa chaise et tous deux s'enlacèrent pour la valse qui préludait.

Je les suivis un moment des yeux ; mais ce charmant couple disparut dans le tourbillon des danseurs. Une polka remplaça la valse, une scottish succéda à la polka.

Changeant alors de spectacle, (j'aime les contrastes), je regardai les duègnes qui tapissaient le salon. Je vis une dame sèche et jaune, et qui dut être fort bien en 1812, sourire derrière son éventail.

Je n'y prêtais pas une bien grande attention, la chose n'ayant rien d'extraordinaire en elle-même, lorsque un éclat de rire formidable me fit reporter les yeux au même endroit. Je vis alors trois ou quatre dames, à droite et à gauche de la sus-indiquée, riant à gorge déployée.

Qu'était-ce donc?

Elles se penchaient à l'oreille de leurs voisines pour leur faire part de quelque chose et le nombre des rieuses allait s'augmentant. Bientôt l'hilarité devint générale; ce fut comme une traînée de poudre, toute la rangée des matrones était en ébullition; ces bonnes dames se tordaient dans des convulsions impossibles à décrire; elles avaient toutes l'air d'être atteintes de la danse de Saint-Guy. C'était inénarrable!

Enfin, grâce à l'une de ces *Camerera* qui, ne se contentant pas de désigner des yeux, montrait avec le doigt — O Sainte impolitesse! — un groupe tournoyant au milieu du salon, je sus enfin la cause de cette joie générale : la danseuse d'Octave s'était, sans s'en être aperçue, assise sur le claque de mon ami, et sa robe en tulle blanc avait gardé accrochées les gigantesques initiales de son cavalier, qui s'appelait — horrible fatalité — Octave Quesnel... et pas par un K !

TÉNOR ET PRESTIGIDITATEUR

A E. MANGIN.

C'était au château de Compiègne en 184... Louis-Philippe voulant célébrer... je ne sais plus quoi, en l'honneur de... je ne sais plus qui, fit venir les artistes de l'Opéra-Comique pour jouer une pièce de leur répertoire sur le théâtre royal.

Les acteurs se rendirent à cet ordre et obtinrent un grand succès avec le *Domino Noir*, ou la *Dame Blanche*... ou quelque chose de couleur, enfin.

L'étoile de la petite troupe était M-S, le fameux ténor qui, à cette époque, faisait tourner toutes les têtes féminines et dont la renommée était alors considérable.

M-S, homme d'infiniment d'esprit, comme on le

verra plus tard, joignait à son très beau talent de chanteur, l'adresse remarquable du plus agile des prestidigitateurs.

L'escamotage et la physique n'avaient plus de secrets pour lui; faire sortir un gigot entier d'une bouteille, avaler un sabre de cuirassier ou jongler avec huit assiettes sans les casser..... était pour lui l'enfance de l'art.

Aussi tenait-il à sa réputation de physicien autant qu'à son renom de chanteur... qui sait même... s'il ne faisait pas comme Ingres et Rossini!

Le soir de cette représentation à la cour, Louis Philippe fit servir aux artistes un souper merveilleux.

Inutile de dire quel entrain et quelle gaîté régnèrent à ce festin ! Tout le monde, heureux du succès obtenu, était en verve, aussi éclats de rire joyeux et bons mots ne tarissaient pas, les saillies spirituelles partaient comme des fusées ; c'était un vrai feu d'artifice d'esprit !

Au champagne, le moment des toasts arrivé, on but naturellement à la santé du roi, à sa cordiale réception, aux artistes, à leur talent, leur éducation, bref, on but beaucoup.

— Maintenant que nous sommes entre nous, fit un chambellan, je crois le moment opportun de nous dérider un peu en entonnant l'une de ces vieilles chansons de derrière les fagots, de celles qu'on ne chante qu'à mi-voix... Qu'en pense notre excellent ami, M-S?

M-S... jusque-là distrait, préoccupé et dont le regard trahissait une vive inquiétude, ne quittait pas des yeux madame C... la duègne de la troupe.

Et voici pourquoi :

Femme charmante, pleine de talent et d'allures distinguées, madame C... avait un terrible défaut, elle était gourmande, oh ! mais là ! au point que proverbiale était sa gourmandise. La pâtisserie surtout avait le don de l'émouvoir.

Pour elle, une tarte à la crème était un attrait

irrésistible et le baba juteux lui eût fait commettre des bassesses. Malheureusement, madame C... ne se contentait pas d'engloutir brioches, éclairs et madeleines ; non, sa faim difficilement mais à la longue assouvie, à l'instar de la prévoyante fourmi, elle faisait des provisions pour les repas suivants ; aussi ne voulant pas laisser échapper une si belle occasion, notre chanteuse bourrait-elle ses poches de massepins, meringues et échaudés ! Ses voisins de table, camarades de théâtre, avaient beau lui dire, à l'oreille :

— Voyons, madame C..., un peu de tenue, on vous observe, vous savez combien notre profession est décriée ? Eh bien ! ne donnez donc pas ainsi prise aux mauvaises langues.

Ah ! bien oui, les tartelettes sucrées et les choux débordant de crèmes étaient là, devant ses yeux éblouis, attractifs comme des aimants, et lui faisaient tourner la tête.

Aussi M-S.... jura-t-il de la punir de son excès de gloutonnerie.

*
* *

A la voix du chambellan, M-S... revint à lui et, déclinant l'honneur qu'on lui faisait en l'invitant à chanter, s'excusa en ces termes :

— Mon Dieu, messieurs, je suis très sensible au plaisir que vous me faites en me demandant quelque chose, et je vous en remercie bien sincèrement, mais quand j'ai soupé, il m'est impossible d'émettre le moindre son.

— Alors, fais-nous quelques tours d'escamotage, hasarda le baryton.

Et comme les gentilshommes paraissaient étonnés de cette demande, on leur apprit que M-S. était un excellent prestidigitateur qui eût rendu des points au célèbre professeur Bosco lui-même !

— Allons donc ! fit l'un des seigneurs. Eh bien, mais, nous serions très curieux d'assister à...

— Oh ! reprit M-S... qui n'avait pas l'air d'y tenir beaucoup, vous savez pour ça il faut être préparé à l'avance... ou bien que ça vienne tout seul.

— Oh ! si, voyons ! exclama toute l'assistance.

Enfin, comme on insistait fort et que son orgueil d'escamoteur commençait à être suffisamment chatouillé :

— Je veux bien, s'écria tout à coup le ténor physicien.

Et, comme pris d'une inspiration subite, il ajouta :

— Seulement, à la condition expresse de ne vous faire qu'un seul tour.

— Entendu ! fit-on, en chœur.

Et tout le monde se rapprocha afin de ne rien perdre.

Alors, s'emparant d'une coupe en verre remplie de gâteaux de toutes sortes, le prestidigitateur demanda :

— Vous voyez bien ceci ?... Il s'agit d'en faire disparaître le contenu devant vous et sans que vous vous en aperceviez.

Alors, avec une adresse incroyable, il jeta bonbons et gâteaux dans la serviette qu'il avait sur ses genoux et qui était préparée ad hoc, et, s'adressant à un de ses spectateurs :

— Est-ce ça ?

— Bravo ! bravo ! cria-t-on de toutes parts.

— Eh bien, voulez-vous savoir où j'ai fait passer toutes les chatteries ?

— Oui, oui, oui.

— Dans la poche droite de madame C.

Etonnement général, mais rires discrets de la part des camarades initiés qui devinèrent le tour... Il fallut bien, vérification faite, se rendre à l'évidence.

Aussi, rouge et confuse, madame C... jura, mais un peu tard, qu'on ne l'y prendrait plus.

LES EXTRA

A Henri PASSERIEU.

— Votre appartement me convient et je l'arrête, dis-je au concierge; seulement je vous préviens que je rentre tard, je suis artiste et, dame! l'hiver, *les soirées* me retiennent fort avant dans la nuit!

— Je connais ça.

— Ah! vous avez déjà pour locataires...

— Non, c'est moi ; je suis dans le même cas que monsieur. En hiver, j'ai aussi beaucoup de soirées.

— Comment !... vous êtes...

— Extra.

— ?...

— Je sers les rafraîchissements dans les soirées.

— Ah ! bah !

— Bien fatigantes *nos* professions, hein ?

— Quel drôle de concierge, fis-je à part moi, il ignore sans doute que le cumul est défendu, enfin !

Jusqu'ici, je croyais ce mot « Extra » spécialement chargé de désigner le petit supplément que s'offre, à la crémerie, le commis faiblement appointé, lorsqu'il demande une anisette additionnnelle,

ou bien la largesse inaccoutumée que se fait le bourgeois, le dimanche, alors que, revenant éreinté de la campagne, suivi de sa nombreuse tribu et jetant un regard de mépris sur la longue file de tramways bondés de monde, il hèle un fiacre, se disant *in petto* :

— Ah ! bah, pour une fois, faisons un extra !

Mais avoir un portier extra ou un extra-portier était pour moi, chose nouvelle !

Extra ! Ce métier me fait penser de nouveau aux ennuis sans nombre, aux désagréments de toutes sortes, qu'occasionne sans cesse la similitude du costume de garçon de soirée avec le nôtre.

Nous sommes tous indifféremment en habit noir.

L'Extra — puisqu'il faut l'appeler par son nom — n'a rien qui le distingue des invités. Il serait si simple cependant de le mettre en bas de soie ou de lui donner un signe distinctif quelconque qui le ferait reconnaître ; on ne se tromperait plus alors, et l'on éviterait par cela même les erreurs fréquentes et regrettables que l'on commet tous les jours.

Ce léger changement à apporter à la toilette de ces valets est bien simple et ne demanderait pas grand peine : il suffirait que cet hiver une mondaine en prit l'initiative et toute la gentry l'imiterait avec ensemble. Mais mes lamentations sont parfaitement inutiles, et vous verrez que, comme par le passé, la routine, la sempiternelle routine continuera à laisser les choses dans un doux statu-quo.

Et pourtant, que de gaffes n'a-t-on pas faites !

A qui de nous n'est-il pas arrivé de dire à un invité orné de longs favoris :

— Voici mon pardessus, donnez-moi un numéro ?

Ou bien de converser longuement avec un domestique dont la figure rappelle celle d'un ministre assez mondain, et de lui demander ce qu'il pense de la crise politique que nous traversons !

Et il n'y a pas à objecter la distinction et la tenue.

Certains domestiques de cercle, qui ont servi longtemps ducs, marquis et barons, ont acquis à ce noble frottement une distinction apparente, une tenue relative qui font que les plus perspicaces s'y trompent.

Ce sont des figures bien intéressantes à étudier que celles de ces garçons dits « extra ! »

Il y a l'extra-sérieux, le garçon qui pontifie et vous sert un sandwich avec la dignité d'un sénateur romain élaborant une loi.

Il y a l'extra-gai, celui qui plaisante avec vous, risque le calembourg facile avec le mot *thé*.

Un type bien curieux, c'est l'extra-prévenant, qui vous dit, lorsque vous lui demandez une glace :

— Non, non, ça vous ferait mal, prenez plutôt du punch bien chaud.

On rencontre également l'extra-grincheux, qui *a servi dans des maisons plus importantes où le buffet était bien mieux approvisionné ;* celui-là vous sert à contre cœur, sans la  moindre complaisance il vous donne un sorbet sans cuiller... et sans grâce.

Il y a aussi l'extra-susceptible qui vous en veut à mort si vous vous trompez et l'appelez « garçon » tout court ; je ne vous engage pas à vous adresser à lui si vous retournez au buffet.

Le plus terrible, à mon avis, c'est l'extra-censeur, celui qui censure vos actes ; c'est le garçon dont les yeux semblent dire au malheureux qui redemande quelque chose :

7.

— Mais, pardon, vous en avez déjà pris et si chacun en faisait autant...

On dirait, ma parole, que c'est lui qui paie le buffet. Aussi, que les gourmands ne permettent un conseil en passant :

— Faites comme moi, adressez-vous chaque fois à un garçon différent.

Il y a encore l'extra... ordinaire, rien à dire de celui-là.

Mais le plus beau que j'aie rencontré, c'est l'extra-familier, qui, pour un peu, vous tutoierait devant tout le monde et vous frapperait familièrement sur le ventre en vous appelant *vieux copain*.

Pour celui-là, je demande la permission d'ouvrir une parenthèse.

Comme je l'ai déjà dit, allant fréquemment en soirées, l'hiver, chez des amis et chez des étrangers, à cause de ma profession, je me retrouve là, souvent, avec les mêmes figures d'extra parmi lesquels ils s'en montrent de plus familiers les uns que les autres.

Il y en a un que j'ai rencontré plus de cinquante fois ; je le vois à peu près tous les quinze jours dans la saison ; mais, dès que je l'aperçois dans une soirée, je l'évite avec soin, car il m'aborde toujours ainsi :

— Eh ! bien, nous travaillons donc encore ensemble, ce soir ?

Et en disant sa petite phrase, il me gratifie d'une tape protectorale sur l'épaule. Ça m'embête, mais je suis forcé de le subir !

Cependant, s'il y a le mauvais côté de la chose, il y a aussi le bon ; derrière le revers, la médaille.

Dernièrement, nous étions ensemble dans la même soirée ; je vais au buffet et je vois « mon protecteur » très occupé à servir une foule d'habits noirs qui demandaient tout à la fois : chocolat, punch, glaces etc., etc., Il m'aperçoit, les délaisse tous et, venant à moi :

— Que voulez vous prendre monsieur Galipaux ? (car il m'appelle par mon nom).

— J'aurais désiré prendre un bouillon, mais je viens de vous entendre dire à un monsieur qu'il n'en restait plus, alors je...

— Ah ! ça, vous riez ! pas de bouillon pour vous ! ! mais je savais que vous deviez venir ce soir, j'en ai gardé pour... nous deux. Tenez.

Et tirant de dessous la table une tasse toute versée, il me dit d'un ton paterne :

— Tenez, mon p'tit, buvez ça, vous m'en direz des nouvelles ! !

— ! ! !

— Ce n'est pas tout. Voici une tranche de rosbeaf froid avec sauce rémoulade : avalez-moi ça prenez ce petit pain rond, la salade russe est à côté de vous, et je vais vous verser du Bordeaux. Là, débrouillez-vous tout seul, je vais m'occuper un peu de ces gens-là, maintenant.

Tout à coup, il bondit sur moi et me dit :

— Que faites-vous donc !

— Je me verse de l'eau, parbleu !

— Pas celle-là ! fit-il, en m'arrachant des mains la carafe, et, retirant pour la seconde fois de ce dessous de table décidément inépuisable une carafe frappée :

— Celle-ci, à la bonne heure ! mais demandez-moi donc ce que vous voulez, avant de vous servir.

Comme on le voit, cet « extra » est un père pour moi !

Un « extra » m'a dit un jour, un mot qui, à lui

seul, est tout un monde, et prouve une fois de plus en quelle estime, les artistes sont encore tenus... même par certains domestiques :

— C'était, il y a trois ans. Le baron X... qui habitait alors place Saint-Michel, mariait la plus jeune de ses filles et, voulant donner plus d'attrait à la soirée de contrat, avait fait venir quelques artistes, entr'autres mademoiselle N... de l'Opéra-Comique, son frère, jeune violoniste de talent, R... ex-ténor de l'Opéra-Populaire, d'éphémère durée et moi.

On passe devant nous des rafraîchissements, nous n'en prenons point. Cette sobriété semblant surnaturelle chez des artistes, un « extra », croyant comprendre tout à coup que les sirops, grogs et autres liqueurs qui surchargeaient le plateau n'étaient pas de notre goût, vint à nous, et, comme sûr de nous séduire, nous dit avec un sourire indescriptible et que je me rappellerai longtemps :

— Voulez-vous **du vin ?**

!!!!!

UN IMPRESSARIO

A J. LANDIE.

Celui-ci est digne de passer à la postérité la plus reculée, car jamais type semblable ne s'était vu avant lui !

D'abord son prénom est tout un monde... Je ne vous le révèlerai pas parce que, seul possesseur de cette appellation joyeuse, mon bonhomme se reconnaîtrait et viendrait me chercher noise... Je vous dirai seulement que c'est à son homonyme que revint l'honneur de fonder la vie monastique en Palestine, vers l'an de grâce 292... et si cela ne vous suffisait pas, j'ajouterai que son nom de baptême flotte entre Hilaire et Hilare ; maintenant ne m'en demandez pas davantage.

Notre héros, que nous nommerons discrètement H..., si vous voulez bien, est d'une autre époque. Ayant beaucoup joué avec *mademoiselle Rachel* comme il dit, dans ses tournées et par suite adorateur passionné de la tragédie et de ses nobles représentants, Racine, Corneille et Voltaire, il a gardé de la fréquentation continuelle de ces génies un culte exagéré pour les alexandrins classiques ; de sorte que dans la vie ordinaire, dans ce prosaïque terre-à-terre de tous les jours, il ne peut se résoudre à parler comme tout le monde. L'infâme prose dont se servait, sans s'en douter, ce bon M. Jourdain, lui soulève le cœur, lui donne des nausées.

Aussi, est-on tout étonné de voir notre homme avec un vulgaire melon sur la tête au lieu du casque reluisant d'Achille, ce n'est pas une redingote en Elbeuf qu'on s'attend à trouver sur lui, mais bien le manteau d'Oreste et pour ses augustes pieds, il faudrait plutôt des cothurnes qu'une grosse paire de souliers modernes.

Sa conversation est extrêmement curieuse. Ayant beaucoup lu... de tragédies... aussi antiques qu'inconnues... il a une certaine instruction, une érudition relative, mais ce vernis de science, ce plaqué de savoir en impose cependant à bien des gens.

Comme je l'ai déjà dit, il ne s'exprime pas comme

le commun des mortels, ainsi voulant raconter qu'il aura vu un sergent de ville emmener une cocotte qui se promenait sur le trottoir, il dira volontiers : « J'ai aperçu un alguazil emmenant une hétaïre qui ambulait sur l'asphalte. » Pour lui un soldat est un estafier; une fille aimable, une courtisane ; et quand il paie son domestique, il doit lui dire assurément : « Tiens, Frontin, prends ces sesterces! »

En somme, on le voit, il devrait s'appeler Joseph Prud'homme. Ajoutez à cela une avarice sordide pour ses pensionnaires et vous aurez un aperçu de ce directeur.

Gérant actuellement un de nos grands théâtres, personne n'a lu... et joué autant de mauvaises pièces que lui... mais cela se comprend jusqu'à un certain point, le désir de produire des auteurs jeunes... et riches, l'ayant seul guidé dans cette voie lucrative.

Ses « premières » sont extrêmement houleuses et il n'est pas rare d'assister, si on a eu l'imprudence de s'y égarer, à un combat singulier entre le paradis et l'orchestre.

Tout est bon, pour le titi belliqueux... petits blancs, trognons de pomme, clous... et même certaine matière on ne peut plus odorante... Un de nos gros critiques, que son métier force à braver ces projectiles divers, se munit toujours lorsqu'il va à ce théâtre d'un parasol fortement doublé en cas de pluie pendant le spectacle !

Pour vous donner une idée du monsieur, je vais vous citer quelques-uns de ses mots ; eux seuls vous en diront assez.

Tout d'abord il faut l'entendre raconter « comment il s'est marié ». (C'est lui qui parle).

« Une famille m'ayant fait demander pour dire
» des vers dans une soirée (quelle drôle d'idée), je
» m'y rendis. J'entre et j'aperçois une jeune fille
» belle comme le jour... J'ouvre la bouche, elle me
» regarde... je commence, elle me boit... je conti-
» nue... elle chancelle... j'achève, elle se pâme...

Eh bien, messieurs... (un temps) « C'est madame H. »

Mais ce qu'il faut entendre, c'est le ton doucereux et la vibration de notre individu, car il vibrrre, oh ! mais là... même en disant « mie de pain ! »

Réponse prouvant sa générosité :

Il fit dans le temps jouer le répertoire de Molière, Corneille et Racine... Aussi les jeunes gens du Conservatoire, désireux avant tout de s'essayer, allaient-ils chez notre directeur s'engager pour des sommes on ne peut plus dérisoires, par exemple

5 francs par cachet, à jouer tous les rôles de leur emploi.

Un de mes amis, aujourd'hui à la Comédie-Française, jouait ainsi Scapin, Figaro, Mascarille et tous les premiers comiques du répertoire, en attendant de les jouer plus tard sur la première scène du monde.

Mais quoique très artiste et fort passionné pour son art, mon camarade à cette époque-là ne voyait pas couler, chez lui, le **Pactole** ; aussi, tremblant comme la feuille, résolut-il, après bien des hésitations, d'aller trouver H... arpagon, pour lui demander une légère augmentation.

Il prit donc son courage à deux mains et tournant fiévreusement son chapeau dans ses doigts — on peut faire les deux choses en même temps — il balbutia les mots : dévouement profond à mon théâtre... rôles toujours sus... mais pas fortuné... les omnibus pour venir répéter... le rouge et le blanc qu'on ne donne pas... aussi 10 francs au lieu de 5 par semaine, ne serait peut-être pas un supplément par trop exagéré.

Et H... de l'interrompre par ces mots :

— Cher monsieur, je vois poindre l'ingratitude.

Un jour, un auteur heureux d'être joué, lui envoya un ameublement complet (il n'y a que ces gens-là pour avoir de la veine).

Comme les commissionnaires qui avaient monté au 4ᵉ étage armoire, bibliothèque, buffet, consoles, vitrines, etc etc. attendaient là suant à grosses, gouttes le pourboire traditionnel, le secrétaire du théâtre s'avance et demande à voix basse, à son directeur, s'il ne juge pas convenable de donner quelque chose à ces hommes qui sont éreintés.

Lui, après avoir bien réfléchi :

— Mais si, comment!... donnez leur donc... deux billets à demi-droit!!!

Ça ne s'invente pas ces choses-là.

*
* *

Lorsque, par hasard, il prend une voiture à la course, il ne donne jamais que 15 c. de pourboire au cocher et comme il a peur d'être empoigné par l'automédon — comme il l'appelle — il prie le concierge de lui remettre la somme, mais le pipelet a une peur bleue, car le cocher ne manque jamais de lui dire :

— Ah! tu as gardé deux sous, c'est bien, va, la prochaine fois, je le dirai au vieux général!

« Vieux général », parce que notre directeur porte moustache et barbiche napoléoniennes.

Au beau temps où la tragédie était florissante sous sa direction, on jouait un jour *Britannicus*, et comme le héros de Racine n'avait pas de manteau par suite d'une erreur du costumier, notre directeur descendit de chez lui un drap de madame H... pour le remplacer!...

!!!

***

Delaunay disait de lui :

« Quand il commence un alexandrin on a le
« temps de remonter dans sa loge chercher quelque
« chose et de redescendre avant qu'il l'ait fini. »

Et Got :

« C'est le seul comique de tragédie qu'ait possédé le Théâtre-Français. »

***

Un jour, dans un hôtel de province, au souper qui suivit une de ses représentations et que des amis lui offrirent, il récitait un fragment de rôle tragique et comme il disait avec une emphase extraordinaire :

Arrêtez-vous, Néron, j'ai deux moôs à vous dire...

L'aubergiste applaudit. Et lui, de se retourner :

— Madame l'hôtesse, retournez à vos fourneaux!

*
* *

Pour dépeindre son admiration pour Rachel, il se plaît à raconter cette histoire :

Quand je jouais avec la grrrande trrragédienne, je ne déjeunais pas, pour ne rien perdre d'elle, je prenais un verre de vin, j'allais dans une loge et tout en trempant des mouillettes, je l'écoutais.... Je buvais Ma-de-moi-selle Rachel !

*
* *

— Que les temps sont changés ! exclamait-il, dernièrement. Aujourd'hui les jeunes artistes apprennent leur rôle et dès qu'ils savent le mot à mot, ils se figurent qu'ils sont prêts à paraître devant le public, ils ne veulent point se donner la peine de fouiller, de creuser leur personnage !

Ah ! de mon temps nous cherchions dix ans un rôle et... souvent nous ne le trouvions pas.

Ainsi, tenez, voici comment, j'ai trouvé l'entrée de Néron.

Depuis longtemps, je cherchais l'intonation du premier vers, cette phrase m'obsédait sans cesse, enfin, un jour, comme j'entrais chez un pâtissier, je fus frappé d'un trait de lumière, et, m'élançant vers le comptoir, je dis à ce paisible commerçant :

— N'en doutez point, Burrhus...

Le malheur c'est qu'en gesticulant je cassai une carafe que ce manant me fit payer!

*
* *

Une marque d'attendrissement et de pitié :

Un pauvre malheureux qui jouait chez lui des « utilités », vient un jour lui dire :

— Monsieur le directeur, je suis très malade, je n'en peux plus, le médecin m'a conseillé la campagne et je viens vous demander la permission de me faire remplacer ce soir.

Alors le directeur, le regardant attentivement bien en face :

— Vous vous faites donc raser les sourcils?

*
* *

A un auteur en lui rendant son manuscrit :

— C'est très bien fait, très joliment écrit, intéressant... mais on devine trop tôt que le jeune premier épousera l'ingénue au troisième acte !

Au café... où il était invité par un de ses pensionnaires... naturellement.

Le garçon. — Que désire monsieur?

Lui. — Un curaçao.

Le garçon. — Sec ?

Lui, le reprenant. — Pur.

Le garçon, s'en allant. — Un curaçao sec !

Lui, irrité. — Eh ! pur, vous dit-on !

O puriste !

*
* *

C'est encore lui qui, écrivant à un de ses artistes qui jouait chez lui les « grimes, » mit sur l'adresse

M. THÉOPHILE B...
financier
8, *rue Fontaine*

Vous voyez d'ici, ce que la concierge a dû être prévenante pour son locataire !

Du reste, quand dans une pièce du répertoire il y avait comme accessoires, des lettres, il mettait parfaitement, pour suscription : « A Mademoiselle, mademoiselle Lucile, amante d'Eraste » ou bien à « Monsieur, monsieur Valère, amant de Lucile ».

*
* *

Une invention du même :

Il y a six ans, il habitait rue F... Vous montiez à son troisième, une fois là, vous sonniez et quelques instants après, il arrivait lui-même ouvrir. La porte était à peine entre-bâillée, qu'il jetait sur vous le contenu d'une fiole d'encre, sans souci de votre pantalon blanc ou de votre gilet chamois, et comme vous vous révoltiez étonné :

— Paix ! disait-il, tout beau ! venez çà, qu'on vous lave ! suivez moi dans mon laboratoire !

Et, vous prenant par le main, il vous entraînait dans sa cuisine où, une fois rendus, il prenait un chiffon imprégné d'un liquide quelconque, qu'il avait inventé, et frottant énergiquement les endroits tachés, répétait avec la volubilité d'un camelot sur la place publique : « Cette substance qui n'est pas corrosive, enlève, nettoie et détache, etc. etc. » Très rarement, il rendait à l'étoffe son état primitif, mais chaque fois que l'opération ratait, il vous disait sur un ton de doux reproche :

— Mais, cher monsieur, ce n'est donc pas tout laine ?

Après celle-là, il n'y a plus qu'à tirer l'échelle.

UN CONCERT A ATHIS-MONS

A CABOIS.

Il existe sur la ligne d'Orléans, entre Juvisy et Ablon, un petit endroit charmant qu'on dirait fait pour les amoureux ou les poètes, tant les sentiers ombreux, les chemins étroits et les taillis mousseux y abondent, semblant inviter par leurs frais ombrages, leur calme solitude, les joyeuses caresses et les rimes étoilées !

Cet Eden champêtre a pour nom : Athis-Mons.

Aucun village, en effet, ne semble réunir autant de sites pittoresques que celui-là !

Rochers abrupts, peupliers géants montant la garde aux côtés de routes tortueuses, la Seine qui serpente dans le bas de la vallée et dont les eaux tranquilles sont sillonnées, le dimanche, par les barques des canotiers parisiens ; tout y est empreint d'un charme pénétrant jusqu'au petit clocher qu'on aperçoit au loin, la mairie, maisonnette à un seul étage sortie d'une boîte de joujoux, les grands épis dorés qui le soir doivent abriter... cocottes et serins, le chef de gare, lui-même, qui, poussant la complaisance jusqu'à ses dernières limites, attend le monsieur essoufflé qui court péniblement là-bas, pour donner le signal du départ... tout, enfin, s'efforce de vous plaire et semble vous crier : Pourquoi t'en vas-tu ?

Aussi, chaque fois que notre ami C..., notable habitant de ce village ensoleillé, vient me demander mon concours pour la fête du pays, non seulement je le lui accorde avec empressement, mais je le remercie ; car, passer une journée dans cet endroit délicieux est pour moi une joie réelle.

Et il faut bien que ce soit pour aller dans un pays aussi charmant et pour un ami aussi aimable, car si l'homme est heureux d'aller à Athis, l'artiste entre toutes les fois dans des colères furieuses.

Que mes lectrices se rassurent : Je n'ai pas un caractère irascible et emporté ; au contraire, on veut bien me trouver bénin et doux, à rendre des points à un mouton... fût-il de Panurge.

Cependant il y a des moments où, sans être comme

certain violoncelliste qui défend même de tousser pendant qu'il opère... on ne peut s'empêcher de... jugez plutôt.

Le concert qu'on organise à Athis-Mons a lieu sur l'unique place du village.

On dresse une de ces immenses tentes qui ont enrichi Pinard et Voisin (je demande pardon à Voisin de le mettre derrière Pinard) et c'est là-dessous que chanteurs, instrumentistes, comédiens ou monologuistes débitent à tour de rôle leur produit. Comme je vous l'ai déjà dit, le concert a lieu à l'occasion de la fête du pays, c'est assez dire que chevaux de bois, tirs au pistolet, grandes roues à loterie, massacres des innocents, passe-boules, tourniquets... rien ne manque ; et, comme la tente est adossée à l'Eglise (d'aucuns s'habillent dans la sacristie) — avec l'horloge, c'est complet ! ! !

Aussi l'on comprendra qu'avec l'air du *Chapeau de la Marguerite*, moulu par l'orgue des chevaux de bois, les pif, paf, pan, pan, pan du tir au pistolet, les dzing, dzing de la plaque de tôle servant de palais à l'énorme bouche qui rit (jeu, qu'on désigne, sous le nom de passe-boule, si je ne m'abuse), les grrirrirri des roues et de tourniquets, les sifflets de la locomotive qui passe non loin de là et surtout, oh ! surtout, les dig, ding, don, dig, ding, don ! de cette satanée horloge qui sonne tout, quarts, demies, trois-quarts et répète même l'heure à cinq... il y a de quoi devenir fou à lier !

Du reste, je vais essayer de vous traduire l'effet que produit une poésie dite aux concerts d'Athis-Mons.

Le récitateur entre, il annonce :

Aimé pour lui-même, poésie de Aug. Erhard.

A ce moment, l'air du *P'tit bleu*, joué à tour de bras par les chevaux de bois, couvre la voix de l'artiste et prive le public du nom de l'auteur.

L'interprète, d'abord étonné, reprend :

> Qui de nous tous, ô mes amis,
> En cette existence si brève
> N'a point fait (et c'est bien permis)
> Cet irréalisable rêve ?

Pif, paf, pan, pan, pan, pan, pan, tonnent les pistolets du tir.

Le diseur fait un soubresaut épouvantable, se trouble et perd la mémoire mais cherchant à maîtriser son émotion, continue :

> Une femme au regard charmant
> Brune ou blonde, ou rousse, ou bien même...

Dzing, dzing, fait la plaque de tôle.

Le comédien décontenancé, perd la tête et poursuit en bafouillant :

Enfin, comme il plaît à l'amant.

Boum ! Boum ! Boum ! prélude la grosse caisse du cirque voisin.

Le malheureux, dont une sueur froide inonde le corps, éperdu, rassemble toute son énergie et trouve encore la force de dire :

Mais qui vous aime pour...

Dig ! din ! don ! dig ! din ! don ! dig ! ding ! don ! carillone à toute volée cette horloge diabolique.

— C'est un baptême, fait quelqu'un : il y en a pour cinq minutes.

— Arrêtez-vous, crie-t-on de toutes parts.

L'infortuné monologuiste, dont les yeux injectés de sang sortent de l'orbite, croyant avoir derrière lui l'armoire des frères Davenport, se précipite affolé dans les coulisses, en criant : — Si jamais on m'y repince !

. . . .

Et il y est repincé la fois suivante ; car, comment résister à un ami aussi charmant que C... et aux séductions d'un pays aussi ravissant qu'Athis-Mons !

LES MÉDECINS DE MOLIÈRE

A. L. CRESSONNOIS,

Parmi les spectateurs qui acclament Purgon, Diafoirus, Fleurant et autres médecins ridicules que Molière a semés dans plusieurs de ses pièces (*Monsieur de Pourceaugnac*, le *Malade imaginaire*, le *Mariage forcé*, l'*Amour médecin*, la *Jalousie du barbouillé*, le *Médecin malgré lui*, etc.), au grand esbaudissement du public, combien ignorent le véritable motif qui a poussé l'auteur à caricaturer ainsi les gens qui exercent la médecine !

Y a-t-il beaucoup de lecteurs du grand comique qui sachent à quel fil a tenu la création de ces types immortels ? — Je ne crois pas.

C'est une vengeance personnelle, une satisfaction particulière qui a fait éclore toutes les œuvres citées plus haut.

Voici dans quelles circonstances l'auteur du *Misanthrope* résolut de stigmatiser les docteurs de tous genres.

Molière logeait chez un médecin, dont la femme, extrêmement avare, voulait augmenter le loyer de la portion de maison qu'il occupait ; sur le refus qu'il en fit, l'appartement fut loué à un autre. Aussi, depuis ce temps-là, Molière n'a pas cessé de tourner en ridicule les médecins qu'il avait déjà attaqués du reste dans le *Festin de Pierre*.

Il définissait ainsi le médecin :

« Un homme que l'on paye pour conter des faribo-
» les dans la chambre d'un malade jusqu'à ce que la
» nature l'ait guéri, ou que les remèdes l'aient tué. »

L'*Amour médecin* est la première pièce dans laquelle Molière a donné libre cours à sa verve satirique et antimédicale.

Afin de rendre ses plaisanteries plus agréables et en même temps plus acerbes, plus piquantes, dans l'interprétation de cette pièce, qui fut d'abord représentée devant le roi, l'auteur y joua les premiers médecins de la cour avec des masques qui ressemblaient aux personnages qu'il avait en vue.

Il fallait que Molière eût un rude courage... et une bien grande confiance dans la protectionnelle amitié de Louis XIV !

J'ai retrouvé cette même audace chez un certain préfet du département de la Gironde, qui, à l'époque où l'on allait jouer *Rabagas* au théâtre Français de Bordeaux, fit venir le principal interprète de cette pièce et lui « ordonna » de se faire la tête exacte du héros de Sardou. Comme on le voit, ce magistrat réactionnaire se moquait complètement de sa destitution.

Mais quittons le XIXe siècle pour revenir au XVIIe.

Les médecins mis en scène, s'appelaient de Fourgerais, Esprit, Guénaut et d'Aquin — rien de Saint-Thomas — et comme Molière voulait déguiser leur nom (c'était bien le moins) il pria l'auteur du *Lutrin* de leur en confectionner de convenables.

Boileau en composa en effet, qui étaient tirés du grec et qui désignaient le caractère de chacun de ces messieurs.

C'est ainsi qu'il donna à M. de Fougerais, le nom de *Desfonandrès*, qui signifie *tueur d'hommes ;* (il paraît, que ce bon Fougerais n'y allait pas de main morte, et que, à l'exemple du Crispin du *Distrait :* Il mettait double dose.) A M. Esprit, qui bafouillait en parlant, celui de *Bahis*, qui veut dire, *jappant, aboyant*, (j'ignore si ce *cognomen* a été trouvé par M. Esprit, saint!)

Macraton fut le nom qu'il donna à M. Guénaut, parce qu'il parlait lentement (ce rapprochement avec le père « Bahis » prouve une fois de plus l'évidence absolue de la loi des contrastes.)

Et enfin, celui de Ternès, qui, dans la langue familière à feu Egger, est synonyme de *saigneur* à M. d'Aquin, qui ordonnait souvent la saignée.

Je ne sais si, avec une réputation semblable, il réunissait beaucoup d'invités à ses bals, d'Aquin (aïe).

Eh bien, dire que si le propriétaire qui avait le très grand honneur de loger Molière avait été complaisant (mais j'oublie que propriétaire et complaisant sont mots incompatibles), nous n'aurions pas eu la bonne fortune d'applaudir le charmant docteur de la « Jalousie du Barbouillé », cette pièce de Molière si peu connue et pourtant si gaie !

Donc, ô propriétaire harpagonesque ! merci, merci ! car grâce à ta bourgeoise cupidité et... à ta cupide bourgeoise, surtout, il nous a été donné d'acclamer le prolixe Pancrace et son gai compagnon, le réservé Marphurius.

LES ANIMAUX AU THÉATRE

A A. BERNHEIM.

J'avais tout d'abord l'idée de donner un autre titre à ces lignes, craignant la confusion ; mais non, il n'y a pas de doute possible : c'est bien des bêtes à quatre pattes dont il s'agit ici.

Il y a environ douze ans, MM. Verne et Dennery faisaient représenter pour la première fois, au théâtre de la Porte Saint-Martin, le *Voyage autour du monde en 80 jours*, pièce en cinq actes et quinze tableaux.

Le succès de cette féerie scientifique fut pyramidal ; cinq cents représentations ne purent épuiser ce succès persistant. Il fallait louer sa place quinze jours d'avance. Le soir, le strapontin le plus incommode faisait prime et les messieurs à pantalons pattus qui vendent bien plus cher qu'au bureau, firent rapidement fortune.

Tous les journaux furent unanimes à louer les auteurs, beaucoup les directeurs et énormément... les machinistes, décorateurs... et autres truqueurs... sans jeu de mots.

Mais qui pouvait s'attribuer la gloire de cette vogue retentissante? A qui ou à quoi revenait le plus grand mérite de cet incontestable succès? Était-ce à la vulgarisation des livres de l'un des auteurs? car tout le monde, ayant lu ses émouvantes et spirituelles histoires qui instruisent un peu et amusent beaucoup, tout le monde désirait voir, mise en action, une de ces aventures que M. Verne, lui-même, qualifie d'extraordinaires! Voulait-on au contraire apprécier la part que son collaborateur, homme d'esprit, avait apportée, renouvelant ce genre de pièce à spectacles, en y ajoutant un grain de son originalité?

Voulait-on, peut-être, entendre la voix tonitruante et les ronflements sonores de Dumaine? La foule avide voulait-elle frémir aux mâles emportements de l'appétissante Patry?

Ou bien le peuple anxieux venait-il uniquement pour voir si Phileas-Fogg-Lacressonnière ne raterait pas le bateau en partance pour l'Amérique?

Non, impatient lecteur, ce n'était ni pour le talent du premier rôle, ni pour la grâce de la jeune première, pas plus du reste que pour les exploits du traître célèbre que le public se dérangeait en masse.

Ce qu'il venait voir, c'était... l'éléphant.

Ah! la grande locomotive en carton pâte en dépérissait à vue d'œil... elle en avait une figure de papier mâché... mais il fallait se résigner en silence, se taire sans murmurer, aurait dit feu Scribe. Songez donc! un éléphant, un vrai, pour de bon, vivant, tout ce qu'il y a de plus vivant, un éléphant en viande!

Il n'y avait pas à aller là contre.

Ce n'étaient pas des gagistes à quinze sous par soirée, qui, montés les uns sur les autres dans un éléphant en baudruche, singeaient (mon mot est mal choisi) le pachyderme.

Non, c'était bien un éléphant qui, comme vous et moi, mangeait, buvait, dormait et aimait... (je m'avance peut-être un peu, en disant ça). Bref, l'introduction seule de ce mastodonte, dans une pièce de théâtre, suffisait à exciter au plus haut point la curiosité fructueuse de la plèbe ébahie. On avait bien vu des chats, des chiens dans *Mauprat*, des colombes dans *Latude*, des chèvres dans le *Pardon de Ploermel*, mais un éléphant, un é-lé-phant! Oh!!

En fourrière, les chevaux de *Charles VI*, à l'Opéra!

Oh! un éléphant!!!

Aussi le titi, sitôt sa journée faite, accourait-il, sans même prendre le temps de manger, faire la queue... pour voir celle de l'animal. Et le lendemain, l'enfant demandait à son père si c'était la première fois qu'on voyait un éléphant en scène.

Ce à quoi le père répondait, à la prud'homme :

— Il y a peu de temps, en effet, qu'il y a des bêtes parmi les acteurs.

Et comme ce brave bourgeois serait étonné, si on lui disait que la première fois qu'on a introduit un animal sur un théâtre, ce fut en 1650 !

Et l'abrutissement de ce philistin serait bien autre si, croyant que l'auteur qui le premier osa cette tentative s'appelait Cogniard, Clairville ou autre, on lui nommait : Pierre Corneille dit le grand Corneille.

Et pour peu qu'il veuille s'instruire, nous raconterions au bonhomme dans quelles circonstances l'auteur du *Cid* fut le prédécesseur de Dennery.

Le roi Louis XIV, dans les premiers temps de sa minorité, s'ennuyait, paraît-il, comme un simple mortel. Trop jeune pour jouer au billard, sa maman eut l'idée de demander à Corneille un divertissement pour le dauphin ; mais Corneille, dont la corde comique n'était peut-être pas extrêmement développée — en dépit du *Menteur* — eut une idée folâtre, et s'écria tout à coup : faisons... une tragédie, mais une tragédie où il y aura un clou.

Quelque temps après, il enfantait *Andromède*, tragédie avec machines. La reine mère, qui ne regardait pas à la dépense et faisait les choses grandement, fit orner d'une façon magnifique la salle du Petit-Bourbon. Le théâtre fort beau, élevé et profond, se prêtait du reste fort bien à la circonstance. Le sieur Torelli, ancêtre de Godin, machiniste du roi, s'occupa des machines d'*Andromède* et fit des merveilles; les décorations parurent si belles qu'elles furent gravées en taille douce.

Le succès qu'obtint cette tragédie engagea les comédiens du Marais à la reprendre, après la démolition du théâtre du Petit-Bourbon.

Quoique coûteuse, cette reprise leur réussit à tel point qu'elle fut renouvelée, avec profit, en 1682, par la troupe des Comédiens.

Comme on renchérit toujours sur ce qui a été fait, on représenta le Cheval Pégase par un véritable cheval, ce qui n'avait jamais été vu en France. Il jouait admirablement son rôle et faisait en l'air tous les mouvements qu'il pouvait faire sur terre.

Il est vrai qu'à cette époque-là, on voyait souvent des chevaux vivants dans les opéras d'Italie; mais ils paraissaient liés, et attachés de telle manière qu'ils ne pouvaient faire aucun mouvement, ce qui devait produire, on l'avoue, un effet peu agréable à la vue.

On s'y prenait d'une façon singulière dans la tragédie *Andromède,* pour donner au cheval une ardeur guerrière.

Extrêmement affamé par un jeûne à la Succi, qu'on lui faisait subir, lorsqu'il paraissait, un machiniste, de la coulisse voisine, vannait de l'avoine. Inutile de dire si, à cette vue, l'animal hennissait, trépignait et se cabrait. Ainsi, sans s'en douter, le quadrupède répondait-il parfaitement au dessein qu'on s'était proposé.

La scène du cheval était le clou de la pièce et valut à *Andromède* un nombre respectable de représentations.

Point n'est besoin d'ajouter que depuis, on a usé du truc.

L'avoine est remplacée à l'Opéra Comique par des carottes qu'on tend à la chèvre de Dinorah.

Nous connaissons certain acteur auquel l'appât d'une pièce de cent sous miroitant dans les frises donnerait un rude entrain.

Son directeur devrait en essayer!

RIEN DE NOUVEAU

A C. SAMSON.

Je ne sais quel journaliste, dernièrement, citait dans ses bons mots cette anecdote :

» Sur une ligne de chemin de fer :

» Le train s'arrête. Un employé annonce la station d'une voix enrouée et de façon inintelligible.

» — Parlez donc plus clairement, lui dit un voyageur, on n'entend pas un mot de ce que vous dites.

» L'employé, se retournant :

» — Faudrait-il pas vous f... des ténors pour 90 francs par mois ».

Cette spirituelle repartie n'est pas absolument nouvelle et, sans accuser cet honnête et probablement illettré employé de plagiat, sans le traiter comme Uchard traite Sardou, je me permettrai de lui dire, peut-être même de lui apprendre, qu'en répondant ainsi au susdit voyageur, il ne faisait que parodier une phrase jetée du haut de la scène de l'Opéra par un acteur en courroux, *au dix-septième siècle* !

C'est, en effet, en 1696 que la scène se passa.

On jouait sur la première scène lyrique... de l'époque, *Ariane et Bacchus*, tragédie-opéra, avec un prologue, dont les paroles étaient de Saint-Jean et la musique de Marais.

Au cours des représentations de cette œuvre lyrique, l'acteur qui jouait un des principaux personnages tomba malade. Obligé pour le remplacer de prendre une doublure, le directeur s'adressa à un de ces chanteurs subalternes, accoutumés à être sifflés, lorsqu'ils veulent sortir de leur étroite sphère.

Ce cabot (dirait-on, aujourd'hui, était chargé à l'improviste de représenter un personnage royal.

Ce roi postiche et hétéroclite parut donc et fut naturellement sifflé.

Mais comme cet accueil discordant n'était pas pour lui chose nouvelle et que, dès longtemps habituées à cette musique... wagnérienne, avant la lettre, ses oreilles semblaient ne rien percevoir, il regarda fixement le parterre et sans se déconcerter, du ton le plus tranquille, lui dit avec un étonnement simulé :

» Je ne vous conçois pas. Est-ce que, par hasard, vous vous imaginez que, pour six cent livres qu'on me donne par an, je vais vous donner une voix de mille écus.

Et avant l'employé de **P-L-M.**, un autre acteur avait déjà resservi cette même phrase, au public, dans les mêmes circonstances.

C'était en 1705, on jouait *Alcine* tragédie-opéra avec prologue, (— paroles de Danchet et musique de Campra). Ce fut un chanteur enroué, chargé de remplacer au pied levé une vedette, et la remplaçant aussi mal que possible, qui la jeta en réponse aux sifflets des spectateurs.

Ce qui prouve — car il faut toujours une moralité — qu'on n'invente rien de nouveau et qu'il ne faut pas s'étonner si, disant quelque part un mot drôle, et qu'on croit de soi, un monsieur aimable vous répond :

— Charmant, je l'ai lu dans l'amanach de 1827.

BILLET DE FAVEUR

A G. BESOMB.

Messieurs les secrétaires des théâtres de Paris — subventionnés ou non — se réunissent au moins une fois l'an afin de résoudre cette grave question : la suppression des billets de faveur.

Très grave et très importante, en effet, cette fameuse question des billets!

Moins compliquée à coup sûr que la question d'Orient, elle ne laisse pas d'être assez embarrassante.

Tous les jours, le nombre des quémandeurs de places va s'augmentant et, si messieurs les secrétaires de théâtres ne s'empressent pas de mettre un frein à la fureur des flots... de raseurs, ils conduiront bientôt leurs patrons à la ruine.

Le Parisien ne peut se résoudre à payer sa place.

La mode — déjà vieille, hélas ! — consiste à aller au spectacle *oculo*. Et non seulement, le solliciteur se rencontre parmi les gens les plus pschutt, mais encore dans le peuple.

L'ouvrier ne paie pas plus sa place que le gommeux. Il trouve, je ne sais comment, le moyen d'entrer sans bourse délier. Est-ce au moyen de bassesses auprès du chef de claque qui l'embauche *au service* parce qu'il est pourvu de battoirs gigantesques? Est-ce parce qu'il est bien avec un contrôleur? Est-ce parce que sa femme a une amie qui est cousine d'une ouvreuse? Toujours est-il que la préposée à la location a rarement la bonne fortune d'apercevoir sa silhouette.

La seule différence qui existe entre le grelotteux et le titi, c'est que celui-ci se meurtrit les chairs sur les bancs du paradis, pendant que celui-là se prélasse aux fauteuils

Un de nos amis, secrétaire du théâtre des Folichonneries-Erotiques, nous communique quelques lettres de solliciteurs. Elles valent la peine d'être lues en bonne compagnie.

Premier exemple :

A monsieur, monsieur le secrétaire « général » du théâtre des Folichonneries-Erotiques.

(Le solliciteur est persuadé que le qualificatif général attendrira l'unique secrétaire).

Monsieur,

J'ai fait un rêve (qui n'en fait en ce bas monde ?) sera-t-il jamais réalisé? Chi lo sa !... *dirait l'Italien. C'est d'assister à une représentation de* Mâchoire d'âne.

Les colonnes de mon journal sont remplies de louanges en faveur de ce chef-d'œuvre. Il paraît que c'est merveilleux. Et cela doit être, car si le Nuage *le dit, c'est que c'est vrai. (Oui, je lis le* Nuage *; que voulez-vous, il ne coûte qu'un sou et le format est si grand que nous avons tous de quoi lire. Ainsi ma femme ne s'intéresse qu'aux accidents; moi, ce sont les nouvelles à la main qui me passionnent, Eudoxie dévore les romans, c'est de son âge — et Réglisse, le mioche, déchiffre les rébus comme pas un).*

Voici mes titres à la faveur du billet que je sollicite :

J'ai fait un acte intitulé Plumpuding *et qui a été joué deux fois à Auxerre et une fois à Sens. On l'a répété à Joigny, mais l'ingénue a été obligée de s'aliter afin de..... enfin je ne peux pas en dire plus long.*

Je crois donc que, comme auteur dramatique, j'ai des droits à la loge que vous allez avoir l'extrême obligeance de laisser chez le concierge à mon nom.

Agréez, monsieur le secrétaire général du théâtre des Folichonneries-Erotiques, avec mes remerciements anticipés, l'assurance de mon profond dévouement.

Eusèbe Florville.

(Je m'appelle Maclou, mais je signe Florville pour des raisons de famille qu'il serait trop long de vous expliquer.)

P.-S. — Ah! mettez mon avant-scène au nom de Florville.

Passons à un autre.

Monsieur le secrétaire,

Dès ma plus tendre enfance, ce que les poètes appelleraient ma prime jeunesse, j'ai montré un goût très prononcé pour l'art dramatique. Mes parents, qui ne voulaient pas que je fusse saltimbanque, *me mirent à l'école des frères, mais, malgré les excellentes leçons que je reçus dans cet établissement illaïque, je n'appris rien du tout. Ma très vive intel-*

ligence ne comprenait pas aisément le calcul ; l'histoire et la géographie étaient trop arides pour elle et toujours, mon esprit se montrait rétif à la connaissance de la grammaire.

Je n'eus qu'un seul succès à la pension. Un succès d'acteur (déjà !) dans une pièce que nous jouâmes, à la fin de l'année, à l'occasion de la distribution des prix. A un moment donné, je devais imiter le cri de l'âne, dans la coulisse et je m'acquittai de cette tâche avec un naturel si parfait, qu'on me fit bisser. L'auteur me conduisit alors sur la scène, en me montrant au public et me fit ce compliment, que je n'oublierai jamais de ma vie : Un âne et vous, il n'y a pas de différence ! »

Ma carrière était donc au théâtre. Je n'ai pas le temps de vous raconter tous mes engagements ; tant pis pour vous ! car, c'est extrêmement curieux de voir par quelles phases, j'ai passé, et, comment je suis arrivé à me faire cette situation que l'Europe artiste m'envie, à l'heure qu'il est.

Bref, car, je vois que le courrier s'avance, devant jouer, le mois prochain, le rôle de Flip dans « Mâchoire d'âne », je ne serais pas fâché de voir comment le tient ce garçon que vous avez engagé.

Ce n'est pas pour en faire mon profit, certes, mais il faut tout voir.

En attendant cinq heures, heure à laquelle je viendrai chercher mon billet, je vous salue bien, monsieur le secrétaire,

Bafouillard
Grand premier comique
des théâtres de Toulouse, Lille et Elbeuf.

Voyons celle-ci :

Mossieu,

Cé moa ki é fé la rob de madame Therez et afin de voar les fé quel fet, vous sriez bien emabe de me donné deux places, j'irai avec Gule.

Merci bien, bien, assurance simpathique.

Veuve Prifixe, tailleuse.

Et :

Si tu donnes un billet a ta fafame chérie, t'oras c'qu'tu veux.

Bébé.

Autre musique :

Monsieur,

Puisque je ne peux parvenir à toucher un sou de ce qui m'est dû,

Vous me dédommagerez de mon attente en m'octroyant des places.

Si je n'en ai pas cinq pour ce soir, gare à la sortie !

Votre créancier : SCHEFER, bottier.

Et enfin !

Vieux.

J'viens t'rendre grand service, envoie baignoire très grillée à bibi,

Ton directeur devra reconnaissance d'remplir sa boîte.

Merci et tout à la joie,

OSCAR.

. . . .

J'en passe et des plus drôles !

CHEZ MOMUS

A. Ed. LHUILLIER.

Mais si, vous le connaissez bien ; voyons, tout le monde le connaît, le père Momus, le grand faiseur de revues bréveté s. g. d. g., le grand abatteur de féeries en un nombre incalculable de tableaux, l'unique pourvoyeur des petits théâtres, le dernier survivant des auteurs de pantomimes.

Tout Paris défile de deux à six dans *sa* chambre. Car son appartement se compose exclusivement d'une pièce et d'un tout petit cabinet de toilette. La pièce de résistance lui sert donc de chambre à coucher, de salon, de salle à manger et de cabinet de travail.

Cette chambre « à tiroirs » est absolument encombrée de meubles bizarres, de tableaux de maîtres... et d'élèves, surtout, de photographies d'artistes, de statuettes en marbre, en bronze, en plâtre, en terre cuite, en saxe ; il y en a pour tous les goûts ; aux murs, on ne pourrait trouver la surface d'une pièce de cinq francs, inoccupée. Le papier qui tapisse ce musée intime, disparaît complètement derrière les panoplies arabes, les tambours espagnols, les mandolines italiennes, les pipes turques... autant de souvenirs qui ont été rapportés à Momus par des amis de toutes provenances.

Impossible de remuer dans ce capharnaüm sans casser quelque chose. Je me rappellerai toujours ma première visite à Momus. J'arrive porteur d'une lettre de reccommandation ; j'étais tellement troublé par la présence de ce monsieur qui m'en imposait, qu'en saluant, je fais tomber la pelle de la cheminée. Ahuri, je veux m'excuser et, en m'inclinant je décroche les embrasses d'un rideau.

Et Momus de me dire, gaiement :

— Eh bien, si vous venez chez moi pour casser mon mobilier.....

Cette phrase me remit tout à fait.

Momus perche au cinquième, au coin de la rue Taitbout et du boulevard. Il a une fenêtre sur chaque voie, mais celle qui donne sur la rue est impraticable, barrée qu'elle est par l'immense table de travail.

Combien de fois ai-je gravi ces étages ? Ah ! dame, c'est qu'on s'y amuse chez Momus ! On est toujours sûr d'y rencontrer des gens joyeux. Et l'on en entend de drôles, je vous assure ! Les potins de coulisses sont dévoilés dans toute leur crudité. C'est là, seulement qu'on apprend le motif véritable qui a poussé Pichu à refuser son rôle, dans la nouvelle pièce de Meilhac. Si vous voulez savoir de qui est le vaudeville qu'on répète au Palais-Royal, allez chez Momus, vous trouverez l'étoile mâle de ce théâtre, qui vous renseignera. Tous les artistes de Paris viennent jaser un brin vers cinq heures, la répétition finie ; aussi Momus est-il au courant de tout et de tous, par *ouï dire*.

Quel brave et spirituel bonhomme ! Son âge ? personne ne le sait, il l'ignore peut-être lui-même. Tout rasé, comme il convient à « l'ami des artistes », portant perruque, Momus se lève invariablement à six heures, il se met au travail à sept ; à neuf heures il déjeune d'un œuf à la coque et d'une tasse de thé. Et à partir de midi, commence le défilé des auteurs, artistes, journalistes et autres gens, touchant à l'art de quelque côté.

A six heures et demie, Momus s'habille et va dîner en ville, car notre vieil ami a trois cent soixante-cinq invitations par an. Il ne dîne jamais chez lui. Aujourd'hui, c'est madame une telle qui le reçoit à sa table, demain ce sera M. Machin qui sera son hôte.

Et c'est bien naturel qu'on recherche la société de Momus ; il est si gai, si fin conteur et en même temps si réservé dans ses gauloiseries ! Il vous dit les choses les plus raides avec une naïveté telle, qu'on finit par les trouver toutes naturelles.

Ah ! c'est qu'il en a vu et entendu ! Vous comprenez qu'un monsieur qui a eu pour amis Roqueplan, Odry, Pottier, Arnal, Debureau père et fils, Lesueur, Levassor, Cham, Sainte-Foy (pour ne parler que des morts) doit avoir un stock d'anecdotes assez amusantes.

Toujours vêtu d'une manière irréprochable, cravate à la dernière mode, linge d'une blancheur immaculée, Momus cache bien les lustres qu'il doit avoir.

Personne ne possède autant et d'aussi belles connaissances que ce spirituel vieillard. Songez donc, il est contemporain de Scribe ! Ouvrez un de ces gros albums qui sont sur ce guéridon et vous trouverez des dédicaces de Clairville, Thiboust, Barrière, Bayard, Duvert, Cogniard, etc, etc.

Momus ne possède qu'une seule chambre, comme je l'ait déjà dit plus haut. Et néanmoins, il trouve moyen de réunir dans cette unique pièce, le jour de sa fête, plus de cent personnes. Comment fait-il ? Mystère. Ce qu'il y a de certain, c'est qu'ils tiennent bien et ils tiennent bien... à y venir, car je vous certifie que, cette nuit-là... on est véritablement chez Momus, le dieu de la folie qui agite tellement ses grelots, qu'il les disperse aux quatre coins de la salle !

Et comment ne pas se dérider en compagnie de tous les comiques de Paris ? Le petit tapis qui est devant la cheminée a été foulé par tous les grands artistes de la capitale. Ah ! si un bourgeois voulait s'offrir un pareil intermède, il ferait pour sûr une brèche à sa fortune.

Tous les genres, hormis l'ennuyeux, se rencontrent chez lui. Voici Rousseil aux mâles et tragiques accents ; voilà Théo, la divette des Variétés; ici Fusier, le gai compère ; derrière lui, la bonne et honnête figure de Paul Legrand, dernier mime, le célèbre Pierrot ; tous enfin se donnent rendez-vous  chez le vieil ami qui, l'œil humide, les contemple d'un air paternel.

 Il y a quelques... années, il s'en est passé une bien bonne chez Momus. A ses *five o'clock*, venait assidument Adolphe, qu'on pourrait assez justement dénommer Poivreau, vu son état d'émotion continuelle.

Adolphe, qui au sortir du Conservatoire, est entré à l'Odéon, pour en ressortir du reste aussitôt, son début n'ayant pas été précisément heureux et s'étant borné à deux soirées, que les étudiants — gens pervers — égayèrent de leur mieux, Adolphe, dis-je, est un type bien digne de la plume de Balzac.

Quoique n'ayant malheureusement rien de commun, hélas! avec l'auteur immortel de la « Comédie humaine », je vais essayer, cependant, de vous esquisser Poivreau... non, Adolphe.

Quarante ou cinquante automnes (il cache soigneusement son matricule), assez grand, très myope, un air de saleté désagréablement répandu sur toute sa personne, Adolphe n'ayant pas — oh ! non — réussi comme acteur, eut l'idée néfaste de faire de la direction, en province. Après plusieurs tentatives uniformément désastreuses, et le séjour des villes départementales n'étant pas, par cela même, d'une sécurité absolue pour lui, Adolphe crut prudent pour son repos, de regagner la capitale.

Il vint donc à Paris, où il vivotte en organisant à Meaux ou à Coulommiers des petites représentations qu'il rend, il faut l'avouer, on ne peut plus extraordinaires par l'appât irrésistible de son concours. Il joue les Bressant... c'est lui qui le dit du moins. Et son nom, mis en lettres fantastiques sur les affiches, attire quelque peu le public... la première fois. De mémoire d'homme, on ne se rappelle pas lui avoir vu donner une seconde représentation, à la demande générale, dans la même ville.

Bref, Adolphe est extrêment connu... au café de Madrid et à la Chartreuse, estaminets uniquement fréquentés par les chanteurs de chansonnettes en quête d'alcazars et par les clowns en rupture de maillot. Les agences avoisinantes approvisionnent continuellement ce cabaret extrêmement artistique.

Adolphe possède, entre mille prétentions, celles d'homme à bonnes fortunes et, sous prétexte qu'il joue les Bressant, il essaye, mais en vain, de faire croire que sa vue seule fait tomber en pâmoison duchesses, marquises et honnestes dames de haulte noblesse.

Car, Adolphe ne fait pas dans le petit, il donne dans le grand. Il ne travaille pas dans le faubourg Antoine, mais bien dans le idem Saint-Honoré.

Foin des bourgeoises aux gants courts et des ouvrières aux bottines vissées ! Il fait fi de ce menu fretin, indigne de lui ; c'est aux grandes dames, aux comtesses qui mènent le high-life à grandes guides qu'il s'adresse !

A lui, la noblesse ! les blasons ! les voitures armoriées ! les couronnes princières ! il ne jette son dévolu que sur une friponne titrée.

C'est encore lui qui le dit.

Et voici comment le hasard, nous montra qu'Adolphe ne se déchaussait pas pour mentir.

Un jour, Momus reçut une lettre, portant cette suscription :

A Monsieur MOMUS,

Auteur dramatique.

et tout petit, tout petit, dans le bas de l'enveloppe, cette ligne microscopique que le contemporain du père Dupin n'aperçut pas tout d'abord :

Pour remettre à M. Adolphe.

Naturellement Momus, ne lisant que son nom, décachette et lit.

Ah ! grands dieux !!!

Ce qu'il lut !! non, je renonce à vous en raconter le contenu ; c'est en mettant seulement la copie

10.

sous vos yeux, que vous comprendrez le légitime fou rire qui s'empara de Momus.

Inutile d'ajouter que je respecte scrupuleusement l'orthographe du poulet :

« *Mon chérit,*

» *Je partirai en voyage jeudi, vient mercredie*
» *dans les bras de ta petite famme vilain méchant*
» *jalou, lâche ta famille, c'est moi qui payerai le*
» *diné, je te ferai du plompoudin. At tu retrouvé*
» *ton portemonnais tu père toujour tout, grend en-*
» *fan, tu aura le foit. Je t'embrace bien fors et je te*
» *remercit des places au téâtre qeu tu m'a envoillié*
» *par marie nous savons ris comme des bossu. J'es-*
» *pair que la présante te trouvera de m'aime bien*
» *por tant comme ta petit feamme qui t'aime toujour*
» *ne soie pas galou de Jules, il n'ait plus chés nous*
» *il est coché chés une grande cocotte madame l'a*
» *mit à la porte pardone mon grifonage je suis*
» *préssé je t'adresse c'ete letre chés ton ami Momuz*
» *où tu m'a di qeu ta été l'autte jour,*

Ta petite ami qui t'embrace sur la tu sait t'ou,

« Joséphine Cachet.

» *j'ai perdu ton adrese.* »

. . . .
. . . .

Pendant deux mois, on ne parla chez Momus que de la dulcinée d'Adolphe... qui, du reste, n'apprit jamais l'aventure.

Nous nous empressâmes — naturellement — de prendre une copie de ce chef-d'œuvre; nous étions une douzaine à connaitre l'épître, aujourd'hui nous sommes davantage.

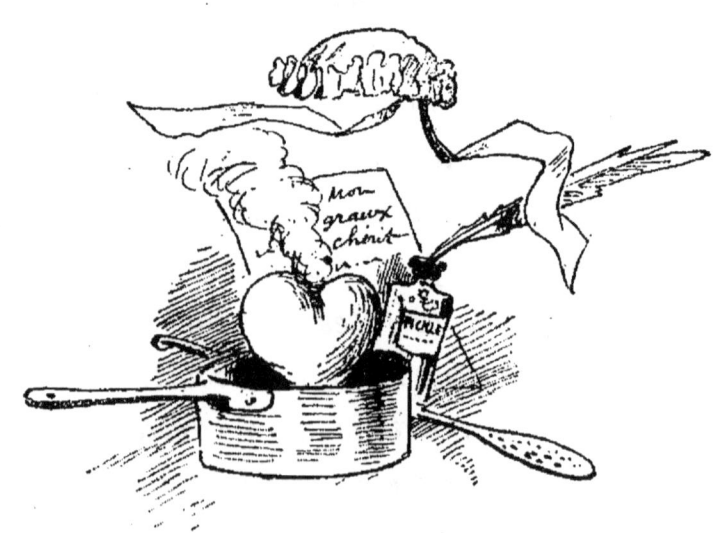

UN CHANTEUR COMMERÇANT

A C. de RODDAZ.

Il n'est pas rare de rencontrer un bourgeois, épicier ou coiffeur, ayant du goût pour la musique, par exemple, et s'exerçant le soir, les travaux finis, à déchiffrer quelque partition wagnérienne ; ainsi mon dentiste, aussi bon chirurgien qu'aimable garçon, se livre régulièrement après son dîner, sur son violoncelle, à une folle sarabande de croches et de doubles croches.

Ce type de bourgeois-artistes est donc assez commun ; mais ce qui ne se voit que très rarement, pour ne pas dire jamais, c'est l'*artiste marchand ;* — ces deux choses, *art* et *commerce*, étant si diamétralement opposées qu'on ne conçoit pas un individu qui s'est voué à l'art par goût, trouvant dans la journée le moyen de débiter quelques denrées coloniales ou autres.

Et pourtant, il existe. Il m'a été donné de le voir cet oiseau rare, ce merle bleu.

Voici dans quelles circonstances :

Dernièrement, je fus appelé pour un grand mariage, en province, et nous étions là, trois artistes, une chanteuse, LUI et moi.

J'avais beaucoup entendu parler de lui.

Il habitait la ville où nous étions et ne chantait guère que dans les soirées données dans son département.

Très bel homme, avec une taille de carabinier, il a une figure bien étrange, notre héros.

Chauve à rendre des points à une bille de billard, il possède la plus épaisse, la plus longue et la plus rousse barbe qu'il m'ait été donné de contempler.

Après son premier morceau, je le félicitai bien sincèrement.

— Comment diable se fait-il que vous restiez ici, en province ; on vous connaît un peu à Paris, vous avez beaucoup de talent, vous auriez vite une réputation superbe.

— Oui, je sais bien, j'ai même pour amis des gens illustres, tels que Faure.

— Eh bien, alors ?

— Oui, mais il y a vingt ans que j'aurais dû y aller... à présent, voyez-vous, c'est fini.

— Comment fini ! vous avez ?...

— 45.

— Eh bien ?

— Et puis je ne peux pas, mon commerce s'en ressentirait.

— Votre...

— Ah ! oui. C'est juste, vous ne savez peut-être pas ?

— Non, rien

— Je vends du champagne.

— Ah ! bah !

— Oui. Oh ! mon Dieu, c'est bien simple. Quand j'étais jeune, mes parents ne voulaient sous aucun prétexte m'entendre parler chant ou théâtre ; alors, pour vivre, il a bien fallu faire quelque chose. J'entrai chez un ami, propriétaire d'une des plus belles caves de Reims. Il me prit comme premier commis, ensuite comme associé et enfin, aujourd'hui, je suis seul à la tête d'une importante maison ? Vous n'êtes pas sans avoir bu de la carte tricolore ?

— Non, assurément.

— Eh bien, c'est mon champagne !

— Tiens, tiens, tiens, tiens... mais le chant ? vous avez donc continué... Ah! pardon, j'aperçois le maître de la maison qui vient me chercher... après mon monologue, si vous voulez bien, nous reprendrons cette petite conversation qui m'intéresse infiniment.

. . . .

— Vous disiez donc?

— Dès que je gagnai suffisamment, je pris des leçons et lorsque je fus assez fort pour voler...

— Vos clients?

— Farceur, va!... de mes propres ailes, je me risquai au théâtre d'ici, dans une soirée de gala, donnée sous le patronage du maire.

J'eus du succès et depuis ce temps-là, il ne se donne pas, je ne dirai pas ici, mais dans toute la contrée, une cérémonie quelconque, concerts pour les crèches, représentations au profit des pauvres, mariages, cinquantaines, distributions de prix, sans qu'on vienne me chercher.

Je suis, chose assez rare, prophète dans mon pays ; mes compatriotes m'adorent... peut-être bien, parce que je ne les ai jamais quittés pour la Grand'-Ville. Et de plus, j'ai énormément de leçons.

— Ah! je comprends alors...

— C'est égal, le moindre petit nom à Paris, ferait bien mieux mon affaire.

— Bah! vous êtes heureux comme un roi, ne vous plaignez donc pas.

Mais il doit s'en passer de drôles, tout de même, avec ce cumul bizarre. Je vois d'ici quelques qui proquos :

La scène représente une soirée dans le monde.

Accessoires : lustre brillamment éclairé, piano dans un coin, habits noirs au-fond ; à l'avant-scène, dames et demoiselles luxueusement habillées.

X... vient de finir une romance de Lhuillier, tout le monde se lève, le maître de la maison enthousiasmé, prend le chanteur par le bras, l'emmène au buffet :

— Charmant! délicieux! suave! exquis!

— Mille fois trop aimable.

— Non, non, c'est sincère. Vous devez avoir besoin de vous rafraîchir, sans doute?

La figure du chanteur, de souriante qu'elle était, devient grave tout à coup.

Le maître de la maison, *gracieux*. — J'ai un champagne excellent!

Lui. — Moi aussi, monsieur Bidouillard.

Bidouillard. — Ah! ah! carte blanche?

Lui. — Non, tricolore.

Bidouillard, *chauvin*, — Vive la France! (*plus calme.*) Je vais vous offrir mon nectar.

Lui. — Non, c'est moi qui allais vous en proposer

Bidouillard. — Du mien?

Lui. — Non, du mien.

BIDOUILLARD, *étonné*. — Hé?

LUI, *s'apercevant qu'il vient de faire une gaffe, timide, presque honteux*. — Vous n'auriez pas besoin par hasard d'un petit champagne délicieux?

BIDOUILLARD, *ébahi*. — Hein?

LUI. — Je pourrais vous céder ça, dans des conditions extrêmement avantageuses.

BIDOUILLARD. — Non, merci, pas pour le moment.

LUI. — Ah! ça ne fait rien ; nous en reparlerons (*à part*) après mon second morceau.

MADAME BIDOUILLARD, *survenant*. — Ces dames réclament avec insitance *Mandolinata*.

LUI. — Avec plaisir, madame !

Le chanteur-commerçant disparaît.

On aperçoit entre les basques de son habit, le col d'un flaçon de champagne.

. . . .

Double dièze et aï mousseux !

LE CONCERT DE LA PLACE DE LA BOURSE

A. ALF. et EUG. BÉJOT.

Vous connaissez sûrement l'*Eldorado*, l'Opéra des cafés-concerts ; la *Scala*, qui donna l'hospitalité à une princesse pour de bon ; les *Ambassadeurs*, rendez-vous des pschutteux tout à fait v'lan, en été ; l'*Alcazar*, que la foule assiège en ce moment pour applaudir chaque soir Fusier, le gai compère ; mais je parierais bien que vous ne connaissez pas le *Concert de la place de la Bourse*.

⁂

Ah ! dame, comment deviner l'existence de ce... cette réunion... qui, à l'encontre des établissements cités plus haut, dédaigne les affiches-réclames, les voitures-annonces, et tout ce qui peut appeler sur elle l'attention publique. Au lieu de rechercher le bruit et la renommée, ce... cette société écarte avec soin tout ce qui pourrait renseigner sur son... fonctionnement! Vous ne comprenez, peut-être, pas très bien ; n'est-pas? Cela ne m'étonne pas : comment, en effet, ne pas rester stupéfait à l'idée seule, d'acteurs évitant la presse, de musiciens insensibles à la vue d'un auditoire nombreux?

Voulez-vous que j'augmente encore votre surprise? Les soirées en question ne sont ni mensuelles, ni hebdomadaires ni quotidiennes ; elles sont... ou elles ne sont pas, selon le bon plaisir des acteurs ou selon la température, car, s'il pleut, nos chanteurs, ces rossignols en veston, se calfeutrent dans leur nid tout là-haut, tout là-haut au cinquième étage!

— Mais leur directeur ne leur intime donc pas...

Ils n'ont pas de directeur (les veinards), pas de maître, pas de tyran. En vrais démocrates de l'art, ils sont en république : seulement c'est une république... artistique, rien de l'autre ; autrement dit, ils sont en société comme aux Français ou mieux au Château-d'Eau (direction Bessac and company). Les trois mots magiques qui flamboient sur nos monuments : Liberté, égalité, fraternité, sont remplacés chez eux par ces trois noms mythologiques « Melpomène, Thalie, Euterpe. »

Et pour mettre enfin le comble à votre ahurissement, je vous dirai que nos artistes ne sont pas payés; ils disent, jouent ou chantent *pro ipsa arte!*

Mais comme je vois vos yeux à moitié sortis de leur orbite, vos cheveux drus et vos nerfs contractés, je vais faire cesser cet affolement, bien compréhensible du reste, en vous donnant la clef de l'énigme.

**
* **

Il y a quelques semaines, par une belle soirée d'automne, comme octobre nous en réserve quelquefois, je descendais lentement vers huit heures la rue de la Banque, pensant à mille riens qui portaient mon esprit bien loin de mes pas et me faisaient oublier mon itinéraire, lorsque j'aperçus devant la Bourse un cercle du curieux. Tout d'abord, je n'y prenais pas garde, sachant que de longue date les financiers, boursicotiers et badauds désintéressés ont pris la bonne habitude de stationner des heures durant, en groupes plus ou moins sympathiques, devant le temple de Plutus.

Je poursuivais donc mes pas, lorsque des applaudissements aussi nourris que chaleureux, dirait Prud'homme, attirèrent de nouveau mon attention et me décidèrent à m'approcher de cet endroit que j'avais jugé de voir être un banal rassemblement.

Pressentant un orateur loquace ou un ivrogne joyeux, et m'apprêtant à recevoir un flot d'éloquence ou de... je m'approchai.

*
* *

Ah ! que grandissime fut donc mon ébahissement ! Tout d'abord trois ou quatre rangs compacts de gens debout : devant eux, des privilégiés trônaient, assis sur les bons sièges en fer de la maison.. (pas de réclame) et enfin, au milieu du cercle, un gamin, vrai type de Gavroche endimanché, le chapeau sur l'oreille et les mains dans ses poches, récitant le *Souvenir de la nuit du 4*, d'Hugo, et avec quel emportement ! quelle fureur ! Je ne sais ce que l'empire a fait à ce moutard et si c'est une offense personnelle, mais saprelotte, il lui garde un chien de sa chienne ! Aussi, vous dire les trépignements et les bravos recueillis par ce farouche déclamateur est impossible.

Pour faire trêve à cette émotion générale, une partie de l'auditoire demanda sur l'air des Lampions : Pâtissier ! Pâtissier ! Alors, sans se faire attendre, parut la frimousse éveillée d'un marmiton de chez Julien, vrai pâtissier de féerie. Ce jeune éphèbe, gâte-sauce par état et baryton par goût, entra donc « dans le rond » et entonna d'une voix fraîche les *Blés d'or*..

Cette romance sentimentale — genre Debailleul — parut être du goût général, car, à l'annonce de ce titre estival, un murmure approbateur courut dans l'auditoire et le refrain fut repris par le public avec un ensemble qu'on eût cru conduit par Danbé. Rappels et bis ne firent point défaut à cet émule de Maurel-Vatel.

Au pâtissier lyrique succéda un petit chasseur de chez Champeaux, qui vint à son tour monologuer avec le *Monsieur qui a un tic ;* son succès a dû lui faire des jaloux. . . . .

La bise commençait à souffler, je partis sans prendre de contre-marque imaginaire.

*
* *

Mais, tout en marchant, je songeais à ce bizarre concert en plein vent. Bien curieuse, en effet, cette salle de spectacle dont le plafond est le grand ciel bleu, où Phœbé sert de lustre, les reverbères de herses, les bancs verts de fauteuils d'orchestre, et où la Bourse elle même, ce monument si sévère dans la journée, ne craint pas de se rabaisser en tenant lieu, la nuit venue, de toile de fond, et où enfin, en fait d'étoiles, il n'y a que celles qui brillent au firmament !

Ce qui donne encore une note bien originale à ce décor, ce sont les deux statues de Pradier et Petitot. (La Fortune et l'Abondance) qui, du haut de leur piédestal, contemplent maternellement cette tentative bien digne de louanges : la propagation de l'amour de l'art !

Ah ! c'est bien là, le vrai, le seul théâtre populaire... ou je ne m'y connais pas.

Et quel bon public que celui qui est là !

Gobeur en diable, il a ses préférés ; il fait des entrées aux « forts » et parfois, lorsque l'enthousiasme est à son comble, il jette des sous que s'arrachent... les loueuses de chaises qui prêtent gratis leurs sièges.

Pour finir, un mot absolument authentique.

Comme je félicitais une jeune ouvrière qui venait d'expectorer quelques vers de Manuel, et lui demandais si elle pensait « faire du théâtre » plus tard. Mimi Pinson me répondit avec une pointe d'orgueil :

— Oh ! oui, monsieur. Du reste, je suis allée voir M. Lapommeraye et il m'a dit que je réussirais très certainement, car j'avais le profil de la République.

SANS LE VOULOIR

RONDEAU SANS MUSIQUE

A Paul HENRION.

Sans le vouloir, un soir, on se promène,
Sans le vouloir on rencontre un minois
Dont l'aspect frais et riant, vous amène
A cheminer ensemble, en tapinois.

Sans le vouloir on rit, on jase, on cause,
Sans le vouloir on lui donne le bras,
Sans le vouloir vous offrez quelque chose ;
C'est accepté... sans faire d'embarras.

Sans le vouloir on prend une voiture.
Sans le vouloir on tient de gais propos,
Sans le vouloir tout bas on lui murmure
Des mots d'amour... exigeant le huis clos !

Sans le vouloir on arrive, on se quitte,
On se sépare en se serrant la main ;
Mais, cependant, on s'embrasse et s'invite
A faire encor, à deux, même chemin.

Sans le vouloir, la semaine suivante,
On prend le train pour aller dans les bois ;
Sous la tonnelle, en déjeûnant l'on chante,
Quitte à froisser le vertueux bourgeois,

Sans le vouloir dans les champs on s'égare,
L'un contre l'autre étroitement serrés,
Et l'on revient, *Lui*, fumant son cigare,
Elle, baissant ses yeux mal assurés.

Sans le vouloir on se met en ménage,
Sans le vouloir on y reste dix ans,
Sans le vouloir, hélas ! on n'est pas sage,
Sans le vouloir on a beaucoup d'enfants.

Sans le vouloir, alors, on se marie,
Pour bien finir ce qu'on a commencé,
Et l'on s'en va, joyeux, à la mairie
Lancer un oui, d'un ton bien décidé !

Et voilà comme on a changé sa vie,
Un soir d'été, causant sur le trottoir,
Avec deux yeux qui vous faisaient envie,
On est heureux et c'est sans le vouloir !

LES SOUFFLEURS

Au commandant GEORGIN.

Le lendemain d'une *première à succès*, on peut lire dans les journaux le triomphe de l'auteur, les louanges des artistes, le talent des décorateurs, le bon goût du costumier, l'adresse des couturières ; on félicite le directeur ; mais il y a un personnage dont on ne parle pas, qu'aucun courriériste ne nomme, et qui, pourtant, a droit à un salut : C'est le souffleur.

Et cependant, quel auxiliaire pour les mémoires incertaines ! Sans lui, le jeune premier bafouillerait étrangement et la duègne, si rompue à la scène, perdrait complètement la tête, si elle ne se *savait tenue.*

Pour beaucoup d'artistes, la vue seule du souffleur

suffit. Ils se disent qu'à la moindre absence cet humble leur « en verra le mot » et cela les tranquillise.

Et c'est cet homme, dont la collaboration est si nécessaire, le concours si indispensable, qu'on ne remercie même pas par un mot d'encouragement ! Il serait bien heureux, pourtant, de lire son nom dans les feuilles, d'être seulement cité, fût-ce après la petite Trottoirine, dont l'opulent corsage fait seul le succès. Aussi, éprouvé-je le besoin de parler un peu de ce méconnu. C'est une classe si intéressante à étudier, que celles de ces gens modestes dont le seul agrément est la vue des mollets des petites femmes. Ah ! dam, ce sont leurs petits bénéfices...

Mais en revanche, que de rebuffades, le souffleur doit-il essuyer !

Tel acteur qui ne sait pas un mot de son rôle et

que cela rend furieux, à cause du directeur qui est à l'avant-scène, lui dit d'un ton bourru :

— Eh bien, quoi? Qu'attendez-vous? vous voyez bien que je suis en plan.

Tel autre qui, au contraire, sait *à la lettre* (c'est même là son seul mérite) veut faire le malin et lui dit impatienté :

— Mais saprelotte ! ne me bourrez donc pas comme ça, vous voyez bien que je sais.

La plupart du temps, le souffleur est un ancien artiste qui, n'ayant pas réussi à prendre une place sur la scène, en a prise une dessous.

C'est souvent un homme de bon conseil, et que l'on consulte dans les cas de mise en scène embarrassants.

Un type bien amusant, c'est le souffleur *gobeur*.

C'est un jeune, celui-là ! Il n'est pas encore blasé et s'amuse dans son trou, plus que le titi qui a payé sa place.

Pour lui, la pièce est toujours nouvelle ; il sait tous les rôles par cœur, y compris ceux des femmes et pourrait, à la rigueur, souffler sans brochure.

Il faut le voir pendant la pièce, soupirer avec l'amoureux, rire avec le comique, pleurer avec l'ingénue, maudire avec le père noble ; il sanglotte trépigne, chauffe le traître, encourage la duègne et s'oublie parfois jusqu'à crier au premier rôle : « Vas-y ! »

Heureux enfant, qui croit que c'est arrivé ! Laissons-le à ses chères illusions ! Pleure, exulte, va ! ça vaut mieux que de blaguer la situation !

Combien je préfère ce souffleur convaincu à celui qui la fait *au blasé !*

Voyez-le dans sa niche, renfrogné, regardant dédaigneusement les artistes et semblant leur dire :

— Êtes-vous assez mauvais !

N'encourageant jamais personne, ne disant du bien que des morts et ne manquant jamais l'occasion de s'écrier, si l'on vient à lui parler de Saint-Germain :

— Ah ! si vous aviez vu Arnal !

Un souffleur extraordinaire, c'est le père Ronflard.

Très curieux. Notre bonhomme dort en soufflant ou souffle en dormant, comme il vous plaira ; pendant l'entr'acte, au lieu d'aller siroter le mêlé-cassis chez le concierge du théâtre, buvetière de messieurs de l'orchestre, machinistes et autres employés, il reste enfoui dans le fond de sa boîte et dort du sommeil du juste, jusqu'au moment précis où le rideau se lève ; et ce n'est pas la sonnette qui l'a réveillé, non plus que la petite *polka-vinaigre* jouée par l'orchestre : c'est l'instinct. Il ouvre l'œil au moment voulu ; son somme est mesuré.

Souffler est extrêmement difficile.

Il faut connaître les acteurs, pour les bien souffler ; avoir étudié leur caractère, possédé leur tempérament, en un mot, savoir à quelle *nature*, on a à faire.

Le véritable souffleur doit voir, lorsque l'artiste

entre en scène, dans quelles dispositions d'esprit il se trouve.

S'il est gai, porté aux cascades, disposé à ajouter au texte, alors, lui laisser la bride sur le cou.

S'il est au contraire, morose, ennuyé, chagrin par suite d'ennuis de famille ou de discussions avec l'administration, l'encourager, souligner ses effets, approuver son jeu.

Si l'artiste est traqueur, ne pas le lâcher, le tenir serré, afin qu'il se sente « soutenu. »

Une chose terrible pour l'artiste *qui sait*, c'est le souffleur qui « envoie » tout, prenant *un temps* pour une absence de mémoire et soufflant jusqu'à ce que le comédien ait dit le mot.

C'est horrible alors, de se sentir poussé l'épée dans les reins.

**
* **

Un souffleur bien étrange, c'en est un dont on m'a raconté un fait, et qu'on pourrait dénommer: le souffleur patriote.

Voici pourquoi.

Un artiste parisien jouait un soir en représentation, dans une ville de l'Est.

N'ayant fait qu'un raccord, dans la journée, avec les comédiens de la troupe sédentaire, la pièce était loin d'être *fondue*, aussi à un moment donné, le spectateur initié aux choses de théâtre eut pu remarquer, ce qu'on appelle dans le langage des coulisses, *un loup*, c'est-à-dire le désarroi que procure parmi les acteurs une réplique omise ou une entrée manquée.

L'artiste, très ému, d'abord parce qu'on l'est toujours quand on joue en représentations dans une ville de province (la province se vante d'être plus difficile que Paris) et qu'ensuite, il jouait avec des acteurs qu'il ne connaissait pas, se trouble et quoique possédant une mémoire impeccable et, ce qui n'est pas à dédaigner au théâtre, l'esprit d'à propos, perd la tête et se voit dans l'impossibilité absolue *d'enchaîner* la situation par une phrase quelconque.

A Paris, cela eut été tout seul, avec un souffleur connaissant son métier, mais dans cette bonne ville, l'employé chargé de secourir les mémoires troublées heureux de voir l'artiste parisien patauger, lui chuchotte au lieu de la phrase si anxieusement attendue :

— Hein ? vous ne faites pas le malin, maintenant ! comme en 70... devant les Versaillais !

*
* *

Un de mes amis qui jouait un jour le *Pauvre idiot* si remarquablement créé par Laferrière, eut à subir un souffleur étonnant.

On sait qu'un acte se passe dans un cachot où le pauvre idiot est enfermé depuis une vingtaine d'années. Et cette longue solitude, cette complète ignorance du monde et des choses extérieures ont rendu *idiot* le héros de la pièce.

Cet acte doit être *mimé* par l'acteur chargé du principal rôle.

L'Idiot va, vient, rit, pleure, chante, pousse des exclamations, articule des sons rauques, arrose un pot de fleurs, fait des simagrées devant une chapelle ; bref, il mime cet acte.

A la répétition, il avait été convenu entre le souffleur et l'artiste que celui-ci ne se mettrait pas à genoux ainsi que l'indiquait sa brochure.

Le soir, le moment de la génuflexion arrivé, mon

ami supprime ce jeu de scène, et attend que le souffleur lui indique ce qui venait après.

Mais il avait compté sans son hôte ; le souffleur lui dit : « A genoux. » Signe négatif de l'acteur. « A genoux ! » répète plus fort l'enragé. « Non », murmure mon ami. « A genoux ! » hurle presque le souffleur sortant à moitié de sa carapace. Et il fallut que le comédien obéit au souffleur dont il dépendait.

Le chef d'orchestre seul put entendre cet *à parte de l'idiot* :

— Je m'y mets, mais tu me le paieras !

*
* *

Il m'a été donné d'en voir un que je n'oublierai jamais. Ancien premier rôle aussi mauvais que prétentieux, il souffrait de cette situation pénible : habiter les dessous.

Très fier, il ne daignait saluer que les chefs d'emploi et s'appelant Delacroix, mettait sur ses cartes : *de Lacroix*, en deux mots, sans doute pour faire croire que, si on le voyait dans sa trappe, il n'en descendait pas moins des Croisés.

Grincheux, ronchonneur en diable, faisant le compétent, sous prétexte qu'il avait joué avec des artistes du Français, on ne pouvait lui adresser la moindre observation. Or, un jour, à un artiste qui lui faisait une remarque, il répondit cette phrase monumentale :

— Monsieur, vous saurez que j'ai soufflé Ballande !

*
* *

Et pour finir, je citerai cette anecdote... salée qui a trait à Déjazet la Grande.

C'était en 1868, au théâtre de Grenoble où l'immortelle comédienne était en représentations.

Un soir, après le deuxième acte de *Gentil Bernard*, n'ayant pas eu le chaleureux succès qu'elle attendait — et qu'elle était en droit d'attendre, — elle fit venir le souffleur au foyer et l'interpella brusquement en ces termes :

— Ah! ça, mon garçon, que faisiez-vous donc pendant cet acte, vous aviez l'air de dormir? Que diable, à votre âge, vous devez savoir que lorsqu'on est dans un trou c'est pour se remuer !

UNE MALADIE DE PEAU

A. G. MAINIEL.

Ah ! c'était un bien drôle de type que le vieux Marsac, le père de Sidonie Marsac, la Dorval moderne.

Né à Clermont (Puy-de-Dôme), ce brave homme avait conservé vivaces les qualités et les défauts de l'auverpin.

A côté de fines roublardises, il avait certaines naïvetés par trop... simples et bien faites pour étonner les gens.

On parlera longtemps au quartier Bréda — résidence qu'il a choisie depuis la célébrité de sa fille — de sa curieuse maladie... Oh! oui, l'étrange maladie de peau du papa Marsac n'est pas prête d'être oubliée !

Voici cette étonnante histoire qui a défrayé pendant un mois les conversations de Notre-Dame-de-Lorette.

Un matin du mois de janvier, alors que les carreaux de vitre sont tout barbouillés de givre et que la neige ouate les toits, le père Marsac, en s'approchant de la croisée, pour consulter son baromètre, constata non sans quelque frayeur, un phénomène assez bizarre sur ses mains : elles étaient veinées de noir.

Comme dans toutes les circonstances embarrassantes de sa vie, il fit de nouveau appel aux lumières de sa fille :

— Chidonie ! cria-t-il par deux fois, viens, viens voir ton père, et dis-lui vite che qu'il a.

L'actrice, après avoir regardé attentivement la dextre paternelle, réprima un sourire et, pour rassurer l'auteur de ses jours, ajouta :

— Ce n'est rien, va, ça passera tout seul.

— Mais je chuis tigré !... che n'est plus un père que tu as, ch'est un tigre, vougri...

— Allons, du calme, ce n'est rien, te dis-je.

— Ch'est égal, je veux aller conchulter un médechin aujourd'hui même.

— Mon Dieu, dit le médecin du père Marsac, ce n'est pas grave, il ne faut pas s'effrayer outre mesure ; vous allez me mettre là dessus un cataplasme de farine de lin, et demain ni vu ni connu, vous aurez la peau comme moi.

— Oh! merchi, merchi, monchieur le docteur, je vous promets que votre ordonnance chera chuivie, allez!

Effectivement, le soir même, le père Marsac se faisait préparer par sa bonne un bon *cataplajme*, qu'il se faisait appliquer sur ses extrémités aussi manuelles que zébrées.

Dam! vous dire que cette nuit-là, Morphée se livra à sa petite occupation nocturne, qui consiste à effeuiller ses pavots sur le front des gens qui oublient, serait mentir, car Marsac entendit sonner toutes les heures à la vieille horloge de l'église.

Aussi, dès que l'aube apparut indécise et tremblottante, le *malade* ne fit-il qu'un bond pour s'assurer à la clarté du matin des progrès de la cure. Il arracha vivement le linge qui entourait les parties colorées, et constatant aussitôt l'impuissance du remède, s'écria :

— Cha n'a rien fait ; ch'est encore plus tigré qu'avant.

Qué faire, fouchtra, qué faire ! J'irai aujourd'hui même conchulter un autre médecin, une chpéchialichte, vougri. Tant pis, cha couchtera ché qué cha couchtéra.

A deux heures, le montagnard pénétra dans le salon d'attente du docteur... (pas de réclame), rue Caumartin, à l'entresol.

Six personnes attendaient leur tour, feuilletan impatiemment des albums, journaux, laissés là à dessein. Le père Marsac, qui ne savait pas lire mais qui ne voulait pas en avoir l'air, prit une brochure intitulée *l'art dentaire* (ce qui indiquait bien qu'on était chez un manicure) et s'endormit sur la première page qu'il tenait à l'envers.

Enfin, après deux heures d'attente, la porte du fond s'ouvrit et un domestique en livrée introduisit le client auquel nous nous intéressons.

— Mon Dieu, dit tout de suite notre homme, pour dire qué je chouffre, jé né chouffre pas, mais ces raies noires m'inquiètent et je ne sais comment les faire dichparaître.

Le prince de la science prit une loupe, regarda

longtemps, réfléchit, s'arma d'une plume, écrivit quelques mots, et remettant le papier à Marsac anxieux, lui dit :

— C'est vingt francs !

L'habitant de Clermont fronça les sourcils, s'exécuta avec lenteur et, prenant la porte, fila comme un trait, désireux de connaître enfin le nom du mal et le remède à suivre.

Une fois dans la rue, il déplia le papier bien cher — bien cher est le mot — et lut avec stupeur :

Délayer du savon de Marseille dans de l'eau et se frotter les mains avec ; — la crasse disparaîtra aussitôt.

LETTRE

A *NICOLET*.

Le Hâvre, 25 Août 1884

Mon cher ami,

Voulez-vous savoir ce que, moi, infime, je fais cet été ?

Je m'éreinte.

Sitôt l'usine fermée, je m'écrie :

— Ah ! ah! A nous, la mer !

(Je ne garantis pas la phrase ; c'est quelquefois : Oh ! oh! à nous, la mer.)

Et j'écris tout de suite pour voir s'il n'y a rien à frire au casino de Levallois-les-Sables ou ailleurs.

Le directeur, qui ne demande généralement pas

mieux que d'animer son casino, me répond invariablement :

« Oui, venez ! »

Mais, neuf fois sur dix, je ne viens pas, ce brave industriel me proposant des petites conditions dans le genre de celle-ci : « Vous payez naturellement vos
» frais de voyage et d'hôtel, ainsi que ceux des ar-
» tistes qui vous accompagnent ; vous me donnerez
» deux cents francs pour la location de ma salle, soi-
» xante francs pour l'affichage ; vous payerez les
» droits d'auteur, et nous partageons le reste... Ah !
» j'oubliais ; je me réserve deux loges et trois fau-
» teuils d'orchestre. »

Aussi lui répond-on, comme chez Potin :

— Et avec ça ?

Donc, ce que je recherche avant tout, et je pourrais généraliser, en disant, ce que l'artiste recherche, c'est le *fixe*, le bon fixe : comme ça on ne manque pas de cachet.

C'est, je crois, le seul cas où, en été, on recherche les *feux !*

Je suis d'autant plus partisan des assurances que je suis absolument déveinard comme directeur.

Lorsque je suis *engagé*, ça marche très bien ; mais quand je suis *intéressé*, ça ne va plus du tout.

Aussi, ne suis-je presque jamais mon propre *impre-*

sario, comme disent les Anglais... qui parlent italien.

J'ai la guigne.

Je suis sûr, si je fais une affaire à mon compte, que ce jour-là il pleut ou le préfet est à toute extrémité : alors les gens pschutt de l'endroit ne vont pas au théâtre.....

Et puis quels soucis, quels *embêtements* ne s'attire-t-on pas!! Ici, il n'y a pas de rideau; là, point de rampe; à tel endroit, c'est le trou du souffleur qui fait défaut; à tel autre, ce sont les portes qui manquent absolument; ailleurs, ce sont les loges pour s'habiller.

Comme à Luc-sur-Mer, il y a quatre ans (avant le casino actuel). Nous arrivons :

— Où est le Casino, ici?

— Vous voyez ces cabines, eh ben, la pus grosse, c'est le Casino.

A propos de Luc, un souvenir :

Pour nous habiller, nous nous étions installés dans les cabines des bains chauds; nous avions mis une planche sur la baignoire pour étaler nos affaires.

Comme psyché, nous avions un de ces morceaux de glace où on se voit vert (les établissements de bains et les hôtels de province ont seuls le monopole de ces *miroirs*).

Mais à un moment donné, je fais un mouvement — ça m'arrive quelquefois — et, v'lan! la planche bascule et la chemise immaculée glisse dans la baignoire... où il restait de l'eau sale.

Heureusement que la chemise était à mon camarade de cabine. Ce que j'ai ri!!!

*
* *

Dans les petits endroits, malheur à vous s'il vous faut un accessoire autre qu'une feuille de papier; vous ne trouvez rien, absolument rien. Je jouais, à Meaux, le *Serment d'Horace*. Vous savez que l'oncle Dubreuil appelle sa cameriste avec son revolver.

Lorsque je demandai cet instrument nécessaire... à l'action, on me répondit: « Depuis que l'illustre
» Hédannomur est parti sans payer la location des
» fusils pour les *Quatre Sergents*, l'armurier ne veut
» plus louer ses armes... »

Je termine cette trop longue lettre par la réponse la plus épique qui m'ait été faite — et je vous en assure l'authenticité absolue.

A Coulommiers.

Je demande un vase quelconque, un seau pour vider l'eau de savon.

Le concierge me répond :

— Pour ça, il faut voir le maire.

Ces pays de fromages sont étonnants : quand on veut une cruche, il faut aller trouver le maire.

Bien votre.

F. G.

L'ACTEUR RÉALISTE

A Charles et Victor LEGRAND.

Le naturalisme n'existe pas seulement en littérature, il sévit encore et surtout au théâtre.

Certains acteurs, sous prétexte d'être vrais, s'habillent, se griment et jouent de façon bien amusante, il faut en convenir.

Nous avons tous connu, au Conservatoire, un garçon un peu timbré et que nous désignerons, si vous le voulez bien, sous le prénom d'Isidore.

Je n'oublierai jamais sa première classe.

*
* *

On sait comment se fait la répartition des élèves au Temple du faubourg Poissonnière.

Après l'examen, le doyen des professeurs, alors, le grand Régnier, choisit d'abord les élèves qui lui conviennent et laisse les autres à M. Got, lequel prend ceux qui ont *une bonne voix* et passe à M. Delaunay, jeunes premiers et ingénues — un genre qui tend à disparaître aujourd'hui. — Le reste devenait la propriété de feu Monrose, un comique qui enseignait merveilleusement la tragédie.

Ces quatre classes offraient un aspect bien différent.

Chez Régnier: les travailleurs enragés, ceux que le démon du théâtre tourmentait et qui voulaient arriver à tout prix (Régnier avait généralement les plus hautes récompenses aux concours de fin d'année.)

Chez Got: des farceurs qui ne demandaient qu'à s'amuser et organisaient des tournées à Étampes, cette tour d'Auvergne de la Seine-et-Oise, Chartres, etc.

Chez Delaunay: la haute gomme, boudinés et copurchics toujours tirés à plusieurs épingles; jeunes.. filles pour la plupart très fortes en l'art... de se faire payer hôtel et voiture, mais ne se doutant pas des difficultés du théâtre, passant par le Conservatoire parce que c'est le tremplin, mais lâchant l'école dès que le vieux est trouvé. A la classe de l'éternel jeune premier, on ne voyait que pelisses, bouquets de violettes, fourrures... tout au musc !

Chez Monrose, enfin, autre genre : la bohème (X... aujourd'hui, à l'Odéon, qui se coupait les poches parce qu'il n'avait rien à y mettre dedans) les échevelés, tragédiens farouches, Aricies pâlottes et grelottantes, beaucoup de jolis minois cependant : le maître était amateur !

Pour en revenir à notre héros, Isidore voulait jouer la tragédie ou la comédie ; peu lui importait pourvu qu'il jouât !

Britannicus ou Crispin, son choix n'était pas fixé.

Ayant lu qu'en 1830, les romantiques se laissaient pousser les cheveux, Isidore n'avait rien à envier à Clodion ou à Monsieur de Lapommeraye. Sa toison était telle qu'obligé de la natter, il l'enfouissait sous son chapeau crasseux.

Cette nature bizarre avait empoigné le créateur d'Annibal, qui le prit dans sa classe et s'y intéressa un moment.

— Que savez-vous ? lui dit tout d'abord Régnier.

— Je sais *Oreste*, répond Isidore en se cambrant.

— Ah! Eh bien, montez sur l'estrade et dites-nous Oreste.

. . . .

La scène jouée, le jeune éphèbe regarde, anxieux, la figure du maître, pour voir l'effet produit :

— C'est bien, dit celui-ci, vous apprendrez... Scapin !

Inutile d'ajouter quels éclats de rire, saluèren cette réplique !

*
* *

Ce satané Isidore avait la rage de vouloir être vrai.

— Jouer vrai, il n'y a que ça ! répétait-il à satiété.

Il est évident que l'acteur ne saurait fouiller trop minutieusement son rôle et en creuser les détails, jusque dans les plus petits recoins, mais enfin, il ne faut absolument pas aux dépens du « mouvement, » se perdre dans des détails bien souvent subtils; car alors on en arrive à faire comme ce malheureux Isidore, quand il jouait les *Folies amoureuses*.

Vous vous rappelez sans doute, lecteurs, les vers que Régnard met dans la bouche de Crispin :

Quand on veut, voyez-vous, qu'un siège réussisse,
Il faut premièrement s'emparer des dehors;
Connaître les endroits, les faibles et les forts.
Quand on est bien instruit de tout ce qui se passe,
On ouvre la tranchée,

(Ici, Isidore faisait le geste d'ouvrir avec une clef imaginaire).

On canonne la place,

(Boum! Boum!! Boum!!! tonnait le comédien).

On renverse un rempart,

(Parapatapouf).

On fait brèche.

(Tschb!).

Aussitôt on avance en bon ordre.

(Il marchait comme un soldat dans les rangs).

Et l'on donne l'assaut,

On égorge, on massacre, on tue, on vole, on pille...

Non; je renonce à décrire la pantomime fatigante à laquelle se livra l'élève; à ce passage, il sautait hurlait, poignardait l'espace, donnait des coups de baïonnette dans le vide, et tout ça, accompagné de pif, paf, pouf, pan, ra, ta, pa, ta, pan, pan, tzing, pft! pft! pan!!

C'est de même à peu près quand on prend une fille.

Sachons gré à Isidore qui, probablement intimidé par l'auditoire, ne mima pas ce vers caractéristique.

La tirade finie, ce Lauri dramatique tomba épuisé sur une chaise et la classe entière trépigna de joie.

Moralité : Ne cherchons pas trop la petite bête, sous peine de passer pour une grande.

*
* *

A propos de vérité au théâtre, je terminerai par un mot épique de vieux cabot, consciencieuse utilité, qui, ayant à annoncer *de la coulisse*, le marquis de Z. dans une pièce se passant sous Louis XV, se grimait aussi sincèrement que s'il avait dû paraître en public.

— Était-ce bien utile? lui dit un camarade, en désignant sa perruque poudrée.

Et l'autre, sur un ton de mélo :

— Et si le décor tombait!

LAMENTATIONS DE BOIELDIEU

A Emile BOUCHER.

J'étais, l'autre jour, à Rouen, pour les fêtes de Corneille, et, passant au pied de la statue de Boieldieu, voici ce que j'entendis murmurer au grand compositeur :

> Corneille ! Corneille ! ! Corneille ! ! !
> Eh bien, nous ne l'oublierons pas
> Ce nom qui nous corne à l'oreille
> Depuis huit jours. Vrai, j'en suis las !
> Les Rouennais ont plein la bouche
> De celui qu'ils nomment leur dieu,
> Mais moi, l'on me trouve très mouche
> Et pourtant je suis Boieldieu.

Qu'a-t-il donc fait ce si grand homme ?
Le *Cid*, *Horace* et puis *Cinna*...
Eh bien, moi, je pense qu'en somme,
Mon œuvre est plus pschutteuse, na.
Je sais bien qu'il a fait *Don Sanche*,
Le Menteur, ça c'est un peu mieux,
Mais, moi, j'ai fait la *Dame Blanche*
Et puis quoi, je suis Boieldieu.

Pour lui, seul, la ville est en fête ;
C'est pour lui que sont accourus
Ministres, députés en quête
De placer leur speech très diffus.
Académiciens (folie !)
Bref, on est venu de tout lieu...
Et pendant ce temps on m'oublie
Moi, le seul, le grand Boieldieu.

Que de stances ont été lues !
Combien de poëmes divers !
Et Bornier qui, dans ses « statues »
Oublia de me mettre en vers !
Il chanta Jeanne d'Arc, Corneille !
Napoléon premier... tudieu !
C'est une insulte sans pareille
De lâcher ainsi Boieldieu !

C'est pour lui seul, ces oriflammes,
Ces étendards et ces drapeaux,

Pour lui seul, les petites femmes
Ont arboré de grands chapeaux,
Pour lui, la plus belle toilette,
Pour lui regards troublants... pardieu !
Mettre ton nom seul en vedette,
C'est bien vexant pour Boieldieu.

Mais bah, pourquoi tout ce tapage
Je préfère mon sort au tien,
Tous ces gens avec leur ramage
T'embêtent et tu ne dis rien.
Moi, du moins, Pierre, je n'avale
Pas de discours fastidieux,
Et si ce n'était la rafale (1)
Je rirais, foi de Boieldieu.

---

(1) Il avait fait un temps atroce.

UN DROLE DE COUPLE

A P BONHOMME.

Connaissez-vous les Pittalugue ? Non ? Oui ? ah tant pis, vous me privez du plaisir de vous les faire connaître.

— Ça ne fait rien, allez-y, du portrait !

— Vous êtes vraiment bien bon ; je commence :

M. et madame Pittalugue sont concierges chez un notaire de mes amis. Lui, fainéant comme un groupe de couleuvres, elle... continuellement altérée et se rafraîchissant toujours (C'est même chez madame Pittalugue que j'ai observé pour la première fois ce curieux phénomène : le petit bleu fait les nez rouges et les gens gris, mais passons...)

Ces deux êtres bizarres ont le don de plaire à première vue, et parviennent à faire dire, quand on les quitte :

— Tiens, c'est étonnant, ils sont polis, ces concierges !

Mais lorsqu'on les revoit, la bonne impression s'efface promptement et l'on s'aperçoit bientôt qu'il faut en rabattre, leurs saluts exagérés étant pantomime mécanique, leurs compliments, leçon apprise et leur politesse enfin, pure et énervante obséquiosité !

Certes, des pipelets grognons, ronchonneurs et grincheux sont bien désagréables mais ils sont encore préférables aux Pittalugue en question, qui ont résolu ce nouveau problème : embêtants à force d'être trop gracieux !

Si vous passez vingt-cinq fois dans la même journée devant leur loge, vingt-cinq fois ils vous réciteront sans reprendre haleine et sur le même ton monocorde et irritant leur interminable chapelet :

— Ah ! voilà, monsieur Bernard ! Comment allez-vous monsieur Bernard ? Bien ? tant mieux ! et cette bonne madame Bernard qui est si gentille elle va bien aussi ? Ah ! quel bonheur ! vous êtes bien aimable, nous aussi, allons tant mieux, monsieur Bernard !

Vous êtes déjà au second étage que la litanie n'est pas terminée ! !

.

Comme on ne reste généralement qu'une minute dans leur loge, ces gens-là sont tellement désireux de vous débiter le plus de choses aimables en très peu de temps qu'ils ne font pas du tout attention à ce que vous leur dites ; ils posent les questions et y répondent eux-mêmes et aïe donc, ça ne fait rien !

Ainsi, un jour, le premier clerc de mon ami, honnête rond-de-cuir, depuis 25 ans dans la maison, très malade depuis un mois, avait cessé de venir à l'étude, lorsque la nostalgie de la paperasserie le prenant, il eut l'idée fatale de se traîner à son bureau.

Il arrive au premier étage où est située la loge des cerbères et n'en pouvant plus, tombe sur une chaise époumonné, soufflant comme un malheureux !

Je vous laisse à penser si les Pittalugue qui n'avaient pas vu ce moribond depuis un mois, ratèrent l'occasion d'entonner leur refrain :

— Ah ! voilà monsieur Buvard ! C'est monsieur Buvard ; Joseph, viens voir monsieur Buvard.

Le mari arrive avec sa fille et recommence :

— Ah ! voilà monsieur Buvard... Comment allez-vous, monsieur Buvard ?

Et le pauvre malade que tout ce bruit affolait, qui n'avait pas même la force de leur imposer silence, leur murmure entre deux quintes :

— Ah ! je crois bien... que c'est la dernière fois... que vous me voyez !

Et tous les trois de s'écrier, en chœur :

— Allons, tant mieux ! Quel bonheur ! Qu'il est gentil ! !

Le lendemain Buvard mourait... pas de ça cependant !

***

Ces malheureux sont tellement habitués à être plus que polis envers le public, qu'entre eux-mêmes ils se servent des qualificatifs les plus tendres.

Mon gros chéri... petit lapin... coco adoré... sont expressions courantes et font partie de leur répertoire.

La première fois que je me présentai chez eux, je demandai si mon ami était chez lui.

Je vais demander à *bébé. Bébé? Bébé ?*

— Quoi, papa ?

Je me retourne, baissant la tête, pour voir le poupon.

Mais je recule effrayé me trouvant en face d'une femme colosse, leur progéniture, âgée de 25 ans! (c'était *Bébé* ! ! !)

Comme Bébé n'était pas plus fixé que Coco.

— Je vais monter, dis-je.

Et tous les trois, à l'unisson, comme si je leur rendais un grand service :

— Oh ! merci, vous êtes bien aimable ! !

*
* *

Ces chevaliers du cordon ont une manière à eux de vous faire un compliment.

Ils ont au-dessus de leur cheminée (on se demande pourquoi) une vieille lithographie représentant Lamartine enfant.

Comme je regardais, un jour, les traits de l'auteur de Jocelyn :

— Ah! me dit M. Pittalugue, en voilà un qui avait de l'esprit! il serait à désirer pour vous, que vous en *ayez le quart autant que lui* !

— Comment le quart! reprit aussitôt madame son épouse, arrivant à la rescousse et ne trouvant pas sans doute le compliment suffisamment flatteur, le quart ! tu veux dire le *cintième* ! ! !

Et dire que ces impairs ne sont que la conséquence fâcheuse d'un désir immodéré de vouloir « être agréable à tout prix. »

Du reste, s'il me fallait citer les gaffes de cette intéressante famille, je n'en finirais pas; une cependant pour terminer cette esquisse.

Dernirèement, mon ami qui est célibataire (détail qui a son importance), avait... comment dirai-je... attrapé... ce que nos pères appelaient « un coup de pied de Vénus ».

Occupant une situation quasi-officielle, il ne tenait naturellement pas à ce que cet incident fût crié par dessus les toits, aussi s'entourait-il de précautions infinies.

Cette indisposition ne l'empêchant nullement de vaquer à ses affaires, il était un jour enfermé dans son cabinet avec deux familles, élaborant un contrat de mariage.

Madame Pittalugue, toujours zélée, se précipite dans l'étude, demandant aux clercs à parler immédiatement au maître.

On lui répond que c'est impossible dans ce moment, mais ne se tenant pas pour battue, elle force la consigne et tombant comme un aérolithe dans la pièce à côté, s'écrie joyeuse en tendant une facture à Monsieur :

— C'est pour votre petite note de copahu !

LETTRE DE JEANNINE A SUZANNE

A Camille **DELAVILLE.**

Chère Suzette,

Je t'entends d'ici t'écrier, en décachetant cette lettre : — Comment, de Jeannine !

Oui, de Jeannine elle-même, qui semblait bien à tort t'avoir oubliée quand au contraire elle n'a cessé une minute de penser à toi, la meilleure et la plus sûre des amies.

Oui, je sais, j'ai gardé un silence un peu trop prolongé... quand on aime les gens, on leur donne des nouvelles... mais, chère mignonne, on voit bien que tu ne sais pas ce que c'est que la lune de miel.

Espérons que ton ignorance sur ce sujet ne durera pas longtemps et laisse-moi te donner beaucoup, beaucoup de détails sur ma nouvelle situation.

Mariée ! Je suis mariée !!

Le nom de mon seigneur et maître ? Gaston de Clock, tu trouveras sans doute joli *de Clock*, moi je préfère *Gaston*.

Comment cela s'est fait ? où nous nous sommes rencontrés la première fois ?

Attends donc, impatiente !

C'est au Palais de l'Industrie, j'étais à l'Exposition des *arts décoratifs* avec papa que la vue d'un vieux tapis de Smyrne absorbait ; à nos côtés se trouvait un jeune homme, élégamment vêtu quoique sans recherche, et dont la figure expressive et douce me plut aussitôt, et, ce qui prouve que la sympathie n'est pas un vain mot — le jeune homme, ayant aperçu mon regard, ne me quitta plus des yeux.

Il se fit présenter chez nous par un ami commun, vint souvent à la maison et... tu devines le reste.

Quant à son portrait, que te dirai-je, il me plaît, c'est tout dire !

Il est de taille moyenne, châtain, ses yeux sont très noirs, voilà pour le physique ; pour le moral je n'ai pas besoin de te dire qu'il a énormément d'esprit, tu me connais et sais que je n'aurais jamais épousé un homme banal.

Gaston adore le théâtre, connaît toutes les pièces qu'on représente, le nom des auteurs qui les ont signées et celui des acteurs qui les jouent... peut-être même le prénom des actrices, mais, bast! je ne puis être jalouse du passé !

Bref, Gaston est très Parisien, très moderne, comme on dit aux Variétés (car aujourd'hui, je vais aux Variétés.)

Tiens, pour te donner une idée de l'imagination de mon spirituel mari, écoute comment le mâtin s'y est pris pour arriver à ses fins, c'est-à-dire à me conquérir, selon sa propre expression.

Ayant appris la piété de mes bons parents et sachant que l'on n'accorderait ma main, qu'à un homme possédant des principes religieux, Gaston suivit régulièrement les offices de Saint-Philippe du Roule... et précisément aux-mêmes heures que moi... ce que c'est que le hasard !

Cela m'étonnait bien un peu de la part de ce mondain, mais je le savais résolu à tout pour m'obtenir !

Désirant voir jusqu'où irait son amour pour moi, je lui demandai de se confesser, lui promettant que s'il me donnait cette dernière preuve de dévouement, nous n'aurions plus qu'à choisir le jour de la demande en mariage.

Ce fut avec infiniment de périphrases que j'abordai ce sujet délicat ; je tremblais fort, tu te l'imagines, redoutant la cruauté d'un vilain refus ; enfin, appelant à moi tout mon courage, j'abordai un soir cette terrible question.

Ma demande formulée, te dire que Gaston l'accueillit avec un enthousiasme indescriptible, serait peut être exagéré, mais enfin, il fit contre fortune bon cœur et me demanda deux jours pour réfléchir.

Les quarante-huit heures écoulées, la réponse fut affirmative.

Je te laisse à deviner ma joie.

C'est pour demain matin, me dit, un samedi soir, en nous quittant, mon fiancé, à onze heures, à Saint-Thomas d'Aquin. Je m'étonnai bien un peu de ce changement de paroisse, mais il ne fallait pas non plus se montrer trop exigeante et imposer une église plutôt qu'une autre : le principal pour moi était qu'il se confessât.

Le lendemain, parvenue non sans peine, à décider mes parents à sortir de leurs habitudes, en venant suivre la messe dans une autre chapelle que la leur, je les conduisis tout naturellement à Saint-Thomas, à l'heure que Gaston m'avait fixée.

A peine, étions-nous installés que, levant les yeux,

j'aperçus celui qui devait être le compagnon de ma vie, agenouillé dans un confessional.

Je ne manquai, comme tu le penses, de le faire remarquer à mes parents qui, émerveillés des sentiments discrètement religieux de mon futur mari, s'empressèrent, une fois rentrés, de l'inviter à dîner pour causer « de notre bonheur » !

Et c'est hier soir, seulement, que demandant à Gaston, comment il avait eu le courage — car, c'en était un pour lui — de faire ce que je lui avais si durement imposé, qu'il me répondit, du ton le plus naturel du monde :

— Mais, chère enfant, ce curé était sourd comme une poterie entière!!

. . . .

Je t'embrasse bien fort, mignonne amie, et attends anxieusement tes chères pattes de mouche.

Ta Jeannine de Clock

LES TICS

A RIVET.

Qui n'a eu ou n'a pas un ou plusieurs tics ? Bien intéressante serait la liste des tics possibles et des célébrités « tiquées ».

Nombreuse par exemple est la collection des gens qui clignottent à paupières que veux-tu ?

J'ai connu un jeune homme élégant, instruit, véritable boute-en-train de toute la société lyonnaise, mais qui était, hélas ! doté d'un tic effrayant : il aboyait.

Par suite de quelles circonstances cela lui était-il arrivé ? Je l'ignore. Était-ce après une grande douleur, la perte d'une personne aimée, peut-être ? Ou bien cet effroyable malheur fut-il la conséquence d'un désastre financier, qui sait ? Ce qu'il y a de malheureusement certain, c'est que, par moments, le pauvre garçon traversait des crises atroces pendant lesquelles son martyre devenait effroyable !

Les jours d'orage lui étaient particulièrement mauvais ! Vous lui parliez, il était très calme, rien en lui ne faisait pressentir l'approche du mal mystérieux, et, tout à coup, au milieu d'une phrase, ses traits s'altéraient, il devenait blême, et aboyait rageusement, se tordant les bras, faisant claquer ses doigts.

La crise était par bonheur aussi courte que violente.

Mais ce qui augmentait la douleur de cet infortuné c'est qu'il se sentait ridicule. Car, bien qu'étant extrêmement spirituel, gai, serviable et bon garçon, il avait, à cause même du nombre de ses relations choisies, quelques jaloux, des envieux qui ne demandaient qu'à railler ses « attaques ».

Du reste, qui n'a pas d'ennemis en province !

Un soir, en plein théâtre, pendant un entr'acte, il fut en proie à ce mal terrible.

Le rideau venait de baisser et les messieurs des fauteuils, debout, claque sur la tête et jumelles en main, lorgnaient les *dames* du balcon. Soudain, un léger bruit, on se retourne et que voit-on ? Notre triste héros la tête complètement entrée dans son chapeau haut-de-forme ; d'un mouvement nerveux, il avait enfoncé son couvre-chef sur sa figure, évitant par ce geste silencieux de grands éclats de voix qui eussent pu occasionner un scandale.

J'avoue que ce soir-là, il fallut vraiment être son ami, pour ne pas rire avec toute la salle !

Un tic moins grave et qui ne cause de dommage qu'à l'interlocuteur du « tiqué », c'est celui du *monsieur qui vous déshabille en marchant.*

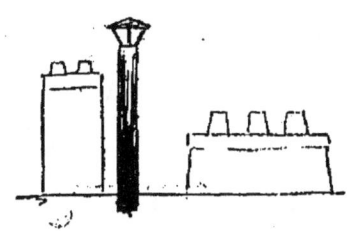
Si vous cheminez longtemps ensemble vous arrivez à destination, complètement dépouillé, et vos boutons semés sur le parcours servent de piste aux gens qui vous cherchent.

Un tic, bien province aussi, c'est celui du monsieur qui, marchant avec vous, s'arrête à chaque instant à mesure que l'histoire devient intéressante. Avec celui-là, il ne faut pas être pressé.

Ça s'explique encore dans les petites villes; on n'a rien à faire, c'est une manière comme une autre de tuer le temps, on met une heure pour faire cent mètres.

Un maniaque assez insupportable aussi et qu'il faut fuir à l'égal de la peste, c'est le *monsieur qui vous pousse en marchant*.

Si vous êtes du côté des magasins, il vous envoie dans les carreaux de vitre, résultat : une dépense, ou bien, il vous fait tomber dans le ruisseau, conséquence : vous êtes crotté comme deux barbets.

Sans compter qu'en partant vous étiez sur le trottoir de droite et qu'arrivés au bout de la rue, c'est sur celui de gauche que vous vous trouvez.

Quand j'étais enfant, j'avais un tic assez vilain.

Je... comment diable dire ça, c'est difficile, à expliquer, enfin je... soufflais du nez. Les uns reniflaient, moi je soufflais. C'est la même chose, sauf que c'est le contraire, l'un est ascendant et l'autre descendant, voilà tout.

A chaque instant : tscheu, tscheu et aïe donc ! et aïe donc !

Chez moi régnait le désespoir.

— Quelle drôle de manie, il a à présent !

— Comment lui faire passer ça !

— Attendez, dit ma grand'mère, j'ai un moyen.

— Lequel ?

— Vous verrez ça, au dîner.

L'heure du repas sonnée, nous nous mettons à table.

Je m'assieds et demande pourquoi l'on avait mis devant mon assiette, une petite lampe à essence ?

— Ce n'est rien, répond la grand'maman, laisse-la.

— Bon, fis-je, sans vouloir d'autres explications et je commençai mon potage.

Je n'avais pas avalé trois cuillerées, que mon satané tscheu, tscheu commença et la lampe s'éteignit aussitôt.

Tout le monde de rire aux éclats et moi profondément vexé, de me lever avec la lampe que j'emportai rallumer en bas, à la cuisine.

— Et chaque fois que tu l'éteindras, tu recommenceras cette petite promenade.

Cinq fois la flamme mourut, mais comme j'ai horreur de me déranger quand je suis à table, la cinquième fois fut la dernière, et mon tscheu, tscheu, ne se fit plus entendre.

Ah! si toutes les grand'mères ressemblaient à la mienne, les enfants si riches en habitudes ridicules se *détiqueraient* vite.

C'est encore à mon aïeule, que je dois de m'être débarrassé d'une manie assez ordinaire chez les bébés gâtés : celle de tirer la langue aux gens et aux choses ne me plaisant pas.

Un jour, que je montrais dans toute son étendue, cet organe du goût et de la parole à un ami de la famille, ma grand-mère vint à pas de loup, derrière moi, et v'lan, sur la langue, une chiquenaude bien sentie, je vous l'assure.

Depuis on ne vit plus ma langue, que lorsque je la donnai au chat.

Je passe le tic des lycéens imberbes se frisant avec obstination une moustache absente; celui des femmes de quarante ans qui ne cessent de répéter : « à mon âge... » pour qu'on leur réponde, en chœur : « Oh! madame! »

Eh bien, et le monsieur qui termine toutes ses phrases par cet agaçant « vous comprenez? » Avec ce refrain monotone, ce n'est pas la carte mais la réponse forcée.

N'oublions pas non plus le malheureux qui dodeline de la tête, comme un magot de Saxe. L'infortuné n'ose aller à la salle des ventes de peur, par une désolante méprise, de se voir adjuger tous les tableaux.

Indépendamment de ses productions locales, chaque contrée a ses locutions particulières.

Le Breton dit: *dam!* Le Marseillais commence ses phrases par : *té!* Le Bordelais, les finit par : *hé?* Le Belge, les émaille d'un sempiternel : *savez-vous?* Pas d'Auvergnat, sans un vigoureux : *fouchtra!* Ah! on ferait une curieuse mosaïque avec toutes ces exclamations... mais n'anticipons pas et laissons aux académiciens de l'an 2886 le soin de rédiger ces variantes, quand ils arriveront au mot tic, s'ils en sont à la lettre T, à cette époque... ce dont je doute.

*
* *

Chez les acteurs, les tics sont assez fréquents.

D'aucuns s'en sont servis comme attrait irrésistible et doivent en partie leur succès à certaines manies bizarres.

Celui-ci hoche la tête, celui-là la renverse en arrière, un tel se tape à chaque instant sur les cuisses et, pour finir enfin, nous connaissons tous, ce comédien, qui ayant à dire dans son rôle :

— Hier, j'ai pris l'omnibus.

Dira :

— Hier, j'ai pris l'omnibus... j'ai pris l'omnibus... pris l'omnibus... omnibus... nibus... bus... sss...

Avec ce système-là, il fait finir la pièce à minuit et demie, et le lendemain, ce sont les camarades qui ne peuvent pas dire, à leur tour :

— Hier, j'ai pris l'omnibus.

LES VACANCES D'UN COMÉDIEN

A M. LEFEBVRE.

Enfin, nous fermons le 30 ! s'écrie le comédien avec un soupir énorme; je vais donc pouvoir me reposer ! Voyons, pour ne pas perdre une minute, si j'écrivais tout de suite... au théâtre d'Etampes-sur-Mer pour organiser quelque chose.

Et pendant les deux mois de *vacances*, vous êtes fébrile parce que le directeur du Casino de Courbevoie-les-Sables vous a écrit de retarder encore votre venue, tous les baigneurs n'étant pas arrivés, ou bien à cause des réparations en train au grand kursaal de Chaville-les-Bains.

Un ami qui demeure dans un trou perdu où il s'étiole à trente francs l'heure, encaissé dans trois rochers, vous conseille de venir à *Nemo;* aucun artiste n'y est venu jusqu'à ce jour (parbleu!); il y a quelque chose à faire (oui, du mauvais sang!).

Et ne demandant qu'à vous échauffer la bile... toujours pour vous reposer, vous prenez votre *ami* au collet, en vous écriant :

— Nemo! Nemo! Où est-ce ça, Nemo? Connais pas. J'y vais!

Et l'ami, qui exulte à l'idée que vous allez venir peupler sa solitude et, *qu'on sera deux derrière la malle*, vous explique avec joie votre itinéraire.

— C'est très simple, tu pars le matin à six heures dix...

Et, comme vous bondissez, il reprend :

— Oh! mon Dieu! pour une fois, tu peux bien te lever de bonne heure. C'est très loin; on prend la ligne de Sceaux. Tu arrives à Trémoulu, à neuf heures du soir. Ah! aie soin d'emporter de quoi manger, parce que tu ne trouveras rien sur le parcours.

— Hein?

— Ah! dame, je te préviens : c'est un peu sauvage, mais quoi? si tu veux avoir tes commodités comme à Paris, va à Trouville, alors.

— C'est bon, ne te fâches pas.

— A Trémoulu, tu descends et tu prends l'omnibus...

— Ah! il faut encore...

— Oui. Il n'est pas à tous les trains, mais je parlerai au conducteur. A onze heures, enfin, tu mets pieds à terre.

— *Nemo!* Tout le monde descend?

— Mais non; attends donc; est-il pressé! C'est Saint-Gulier, un petit endroit délicieux.

— Oh! à onze heures du soir...

— Il y a une auberge où remise l'omnibus. Tu vois, c'est commode; tu prends un potage et du saucisson... il n'y a guère de choix; tu te couches et le lendemain à sept heures...

— Comment, encore!!!

— Tu reprends l'omnibus, qui, vingt minutes après... vingt minutes, c'est une plaisanterie... te dépose dans mes bras.

— Déjà!!!

— Oui, ris, plaisante, tu seras bien dédommagé une fois arrivé, je t'assure. Ah! pendant que j'y pense, à Saint-Gulier, défie-toi de l'aubergiste: il est un peu voleur!

*
* *

Le lendemain matin, à cinq heures, votre ami se précipite avec fracas dans votre chambre, va à la croisée qu'il ouvre en grand, pousse les contrevents, arrache votre couverture, vous verse un peu d'eau sur le... front et vous calme par ces mots :

— Allons! allons! nous ne sommes pas ici pour dormir! j'espère que tu t'en es payé une partie de traversin!

Vous êtes tellemment abruti par la fatigue des deux derniers jours, par cette troisième nuit d'insomnie, car le bruit de la mer auquel vous n'êtes pas encore fait, et les visites lancinantes des mouches et des punaises — auxquelles vous ne vous ferez jamais — ne vous ont pas permis de fermer l'œil une seconde; vous êtes tellement abruti, dis-je, que, sans comprendre, vous regardez votre ami qui se tord en voyant vos yeux bouffis, votre nez bourgeonnant et surtout, oh! surtout, l'air idiot avec lequel vous vous rendormez.

Enfin, dès l'aube, à huit heures, vous descendez n'ayant passé qu'un pantalon.

— Ah! allons voir la mer! est naturellement votre première phrase.

— Dans cet accoutrement? tu es fou!

— Est-ce que tu espérais me voir mettre un habit noir pour aller sur la grève?

— Mais, malheureux, songe donc que l'on te connaît ici, je t'ai annoncé... depuis trois jours, on t'attend... on brûle de te voir, tu vas être épluché...

Allons, habille-toi vite. C'est l'heure du bain, tous les habitants sont sur la plage.

Insister serait inutile ; vous remontez vous vêtir plus convenablement, et en avant pour la plage !

Vous n'avez pas fait dix pas que toutes les têtes se tournent de votre côté, et ta, ta, ta, et ta, ta, ta, on chuchote, on vous regarde comme ce malheureux jeune homme à la tête de veau n'a jamais été regardé.

L'ami, fier de son intimité avec vous, vous trimballe dans tous les groupes, vous présente à tous les baigneurs de sa connaissance :

— Ah ! c'est monsieur dont vous nous avez tant parlé (échanges de saluts).

Un mollusque à lunettes bleues, croyant vous faire un compliment fantastique, vous lance cette phrase prudhommesque :

— Ah ! monsieur, il paraît que vous avez une mémoire étonnante.

— Du reste, nous vous connaissons depuis longtemps, reprend la femme du mollusque, une grosse dame, très forte... mais pas sur la langue française :

— Mon fils me parle souvent de vous, monsieur, il vous a entendu à sa pension, à l'Ecole Papin, et il nous raconte toutes les singeries que vous leur avez faites, car vous leur en avez fait, des singeries !

— Oh! vous êtes trop aimable, madame.

— Non, non, je dis la vérité.

Et toute la sainte journée, ce sont de semblables sorties qu'il faut essuyer.

Après le déjeuner, je demande l'heure à laquelle arrivent les journaux de Paris.

— Le surlendemain soir, me répond-on. Et encore le facteur n'est pas très exact.

Mon ami, qui tremble à l'idée que je vais m'ennuyer, me dit :

— Si tu veux, nous allons aller trouver le maire et lui demander la permission de donner une soirée dans la salle de l'unique hôtel de Nemo : *la Licorne d'or*.

— Comment, tu te figures que je vais dire quelque chose devant les vingt moules qui composent la population flottante de ce semblant de pays! Mais ils croiront que monologue est le nom d'un crustacé! Jamais! entends-tu bien. Jamais!

La crainte d'une brouille me fait céder.

*
* *

L'autorisation est accordée. Un adjoint qui calligraphie s'est chargé de faire, à la plume, trois copies-programmes. On en placera une à la gare, la seconde dans la salle à manger de *la Licorne*, et une troisième, devant la porte de l'hôtel.

— Les billets à cents sous, vous ferez trois cents francs, m'a-t-on dit. Mais le maire, les adjoints, leur famille, le notaire, le docteur, le pharmacien-dentiste-coiffeur-chirurgien-vétérinaire, le chef de gare, la directrice de la poste et tous les parents du patron de *la Licorne* étant entrés pour rien, je me trouve devoir à celui-ci cinquante francs pour la location de la salle.

Mais si le résultat pécuniaire a été nul, voici l'effet produit :

A la sortie :

— C'est gentil, mais vous auriez dû nous dire quelque chose où vous faites des grimaces.

33, BOULEVARD HAUSSMANN

A A. BELLOT.

Le 13 janvier 1885, Messieurs A-V, T-H, et J-B (ne leur retournons par le poignard dans la plaie, leur pièce ne fut jouée que trois fois) lisaient, au théâtre de la Renaissance, un vaudeville en 3 actes qui portait provisoirement ce titre d'indicateur : 33, boulevard Haussmann.

Un de nos camarades, que nous appellerons Florival, si vous le voulez bien, reçut comme chacun de nous son billet de service, sur lequel s'étalaient ces mots:

A 2 h. 1/2 : Boulevard Haussmann, 33.
(Lecture).

A l'heure indiquée, tous les artistes du coquet théâtre du boulevard Saint-Martin, jouant dans la pièce nouvelle, étaient assis au foyer, prêts à entendre l'œuvre inédite.

Quand je dis tous, je me trompe, un seul manquait, c'était Florival. L'inexactitude habituelle du jeune comédien étant proverbiale, on ne s'en étonna pas outre mesure, et l'on commença la lecture.

Cette petite opération terminée, on passe à la collation... des rôles. Il était 4 heures vingt, lorsque la porte ouverte avec fracas, livra passage à un homme affolé, débraillé.

— Florival! fut le cri poussé par tout le monde, il est temps!

— Vous êtes à l'amende, dit sévèrement le régisseur.

— Ah! monsieur!... si vous saviez... d'où je viens, haleta le jeune premier suffoqué.

— Oui, nous la connaissons, celle-là, elle ne prend plus...

— Mais, monsieur, je viens, comme l'indiquait mon bulletin, du n° 33, boulevard Hausmann!

Ici, je renonce, cher lecteur, à vous dépeindre les crises de nerfs, les rires homériques, les convulsions hilarantes, les spasmes fantastiques qui saluèrent cette réplique inattendue !

Cinq minutes après (pas une de moins) un calme relatif s'étant fait, Florival nous raconta la scène :

J'arrive donc au 33, du boulevard Hausmann. Ne sachant de qui était la pièce, je ne pouvais citer un nom au concierge, je me contente de demander :

— A quel étage, demeure l'auteur dramatique ?

Le pipelet me répond :

— Ah ! monsieur Saint-Albin ? au deuxième, à droite.

A ce moment, je crus me souvenir qu'il y a quelques jours, au théâtre, on parlait effectivement de la lecture prochaine d'une pièce de M. Valabrègue (Albin). Je me dis : c'est ça, Saint-Albin Valabrègue. Je le savais Albin, mais je ne le croyais pas Saint. Il l'est, voilà tout.

Je monte.

On m'introduit dans un salon, où mes yeux sont attirés par des photographies d'artiste, des menus de centièmes, un portrait de Labiche avec dédicace etc., etc.

Je me dis : il n'y a pas d'erreur, je suis bien chez un auteur dramatique.

J'en étais là de mes réflexions, lorsque le maître de la maison, soulevant une tenture parut et vint à moi, le sourire aux lèvres :

Lui. — Monsieur ?...

Moi. — Florival.

Lui. — Florival ?

Moi. — De la Renaissance.

Lui. — Ah ! ah ! très bien ! vous venez probablement pour ma pièce.

Moi. — Oui, monsieur, en effet, M. Samuel m'a dit de venir ici.

Lui. — Ce serait avec infiniment de plaisir, mais nous faisons le maximum.

Moi, *étonné*. — Ah ! vous faites le maximum !

Lui. — Oui, oui, aussi Bertrand m'a dit : ne donnez rien.

Moi, *ne comprenant rien du tout*. — Ah ! Bertrand vous a dit...

Lui. — Croyez que je regrette... mais comme on jouera la pièce longtemps encore, je l'espère, vous aurez le temps de la voir.

Moi, *comprenant de moins en moins*. — Oui j'aurai le temps... mais je ne viens pas du tout pour ce que vous croyez.

LUI. — Comment, vous ne venez pas me demander des places pour *Gavroche* ?

MOI. — Pas le moins du monde, je viens pour votre nouvelle pièce.

LUI. — Ah! très bien, ma nouvelle pièce.

MOI. — Oui.

LUI. — A la bonne heure. Mais elle n'est pas terminée.

MOI. — Comment, elle n'est pas terminée ?

LUI. — Non, je ne la lirai aux artistes du Palais-Royal...

MOI. — Le Palais-Royal? Je deviens fou ! Qu'est-ce que le Palais-Royal vient faire ici?

LUI, *furieux*. — Ah! ça, monsieur, est-ce que vous vous moquez de moi !

MOI, *abruti*. — Mais pas le moins du monde, monsieur, je suis Florival, de la Renaissance et on m'a dit qu'aujourd'hui, vous nous lisiez une pièce nouvelle, 33 boulevard Haussmann. Je suis venu chez vous et j'attends.

LUI. — Qu'est-ce que vous me racontez là ! C'est Valabrègue qui a une pièce portant ce titre, et il la lit en ce moment chez votre directeur !

MOI, *courant comme un fou.* — Pardon, monsieur ! Oh ! ma tête ! ma tête ! !

Allons, dit le régisseur, cette équipée est trop amusante pour qu'on vous punisse. Pour cette fois-ci, je lève l'amende ; mais une autre fois, regardez mieux le tableau.

. . . .

UN PÈRE

A Edgard PATAY.

Vous me demandiez pourquoi le père Prunier est fâché avec le jeune Alfred Rigodon ?

Ah ! mon Dieu, c'est toute une histoire que je vais essayer de vous raconter en quelques mots.

Il faut vous dire tout d'abord, que l'invention du fil à couper le beurre remonte à bien des années avant la naissance de Prunier, ce qui vous explique le qualificatif qui suit son nom ; jadis Charles-le-Téméraire, aujourd'hui Prunier-le-Simple. Donc, nous étions depuis longtemps brouillés avec cet imbé... ce brave Prunier ; j'en étais personnellement ravi, ce froid me privant du déplaisir d'entendre divaguer notre homme.

Mais, vous savez, nous habitons la campagne,

c'est moi qui lui ai vendu sa villa ; nos jardins sont contigus, à chaque instant le facteur confond nos journaux : autant de prétextes pour Poirier, non... pour Prunier de venir à la maison ; bref, pour lui qui grillait du désir de se « remettre avec moi », cent occasions se présentaient chaque jour, que j'évitais avec soin.

Cependant, il eut une idée, cet homme nul (ô reconnaissance, tu n'es décidément qu'un vain mot !). L'époque des élections municipales approchait ; le conseil actuel était une réunion de gâteux cacochymes qui laissaient aller les affaires du pays à la dérive : le besoin de remplacer ces impotents séniles par des hommes robustes et décidés se faisait impérieusement sentir. Depuis longtemps, on éprouvait dans le pays le désir de voir un sang jeune et chaud couler dans les veines des nouveaux officiers municipaux à la place du lait figé qui glaçait ces vieux cadavres ambulants de conseillers.

Je n'ai pas besoin de vous dire que, cherchant un homme intelligent, logique, instruit et spirituel, tous les habitants de la commune dirigèrent leurs yeux sur moi. Ce fut Cerisier, allons, bien ! Prunier, veux-je dire, qui attacha le grelot ; il vint me trouver officiellement, s'excusa de troubler ma retraite, mais le salut du pays en dépendait ; il me suppliait de consentir à me laisser porter candidat aux élections municipales ; ma nomination était assurée, ajoutait-il, je jouissais de toute la faveur populaire, et un refus serait une grave offense.

Tout en l'écoutant, je me disais :

— Mais pourquoi diable insiste-t-il autant ? Je ne demande certes pas mieux.

Je me levai et, comme le renard de la fable, lui tins à peu près ce langage :

— Mon cher ami, je suis très sensible à votre démarche, je vous en remercie. J'accepte, non pour les honneurs et la gloire inhérents à ce titre de conseiller municipal, loin de là : j'ai toujours, en homme modeste, méprisé ces vains hochets du pouvoir. J'accepte, parce que je vois le péril qui menace notre commune ; ce village tremble sur sa base, le pays peut compter sur moi. Merci de venir au nom de nos amis me proposer de défendre la nation. Vive la France !

Figuier (décidément, j'y renonce) Prunier en pleurait, persuadé que l'univers avait les yeux sur nous, il m'embrassa avec effusion, et partit larmoyant, annoncer la bonne nouvelle aux gens du pays qui, anxieux, haletants, attendaient ma réponse.

Quinze jours après, je donnais un grand dîner

en l'honneur de mon élection. Prunier... oui, je dis bien, Prunier s'était naturellement invité.

Il était placé à table en face de Rigodon (Alfred), un de mes amis, jeune homme charmant qui, dans la semaine, lit les journaux au ministère de l'Intérieur.

Je ne sais à quel propos, à un moment donné, Prunier lui décoche une grossièreté ; je me penche à l'oreille de mon voisin (car, me défiant de ses gaffes, je l'avais placé à côté de moi) et lui souffle ces mots :

— Épargnez-le, je vous dirai pourquoi.

* * *

Maintenant, faisons entrer en scène un personnage nouveau :

Mademoiselle Sidonie Prunier, vingt ans, maigre, brune, sèche, osseuse, pointue et muette, du moins, je le suppose, car je ne lui ai jamais vu ouvrir la bouche si ce n'est pour manger ou bâiller.

Est-ce sa dot, qui est cependant acceptable, ou bien son caractère, qui ne l'est peut-être pas, mais, ce qu'il y a de certain, c'est que mademoiselle Sidonie est d'un casement difficile.

Son père a toutes les peines du monde à lui décrocher un mari, et, sans cesse aux aguets, il croit toujours découvrir le merle désiré... qui se dérobe au dernier moment.

*
* *

Aux quelques mots que je lui murmurai rapidement, Pêcher, sapristi... Prunier comprit qu'il se trouvait en présence du gendre introuvable, et sa figure, de rembrunie qu'elle était, devint sereine et béate.

Oui, positivement, à ce moment-là, Prunier avait l'air serein.

Alors, sans perdre une minute, notre homme commença le siège de Rigodon.

— Un peu de Château-Laffitte ?

— Suprême de volaille ?

— Sidonie, passe donc la crème fouettée à monsieur.

C'était en vain qu'Alfred refusait, son assiette était toujours pleine.

On se lève, Rigodon s'apprête à offrir son bras à une dame ; las ! le malheureux garçon, c'est Prunier qui le prend : il le guettait, l'infâme !

— J'espère que vous me ferez aussi l'amitié d'accepter mon hospitalité. J'ai une charmante chambre à votre disposition ; vous serez là comme chez vous ;

les Prunier ne sont pas gênants ; vous aurez votre clef, vous sortirez quand vous voudrez, vous rentrerez à votre heure. Venez dîner le samedi à cinq heures et demie et repartez le lundi après déjeuner. Nous nous amuserons, allez ! C'est entendu, hein ? Je compte sur vous. A samedi !

*
* *

Rigodon n'en revenait pas.

Comment, cet homme qu'il ne connaissait pas, qui même, tout à l'heure avait été impoli envers lui, se montrait familier au point de lui offrir chambre et nourriture à la campagne ? C'est prodigieux !

— Bah ! je veux bien, se dit Rigodon, voilà mes dimanches assurés. Ça tombe à pic ; Amélie va précisément passer tous les dimanches chez son père !

Et le samedi suivant, Rigodon prenait le train à Saint-Lazare et débarquait à *Poussière-sur-Seine*, où Prunier l'attendait à la gare.

Alors seulement, Alfred eut une idée du paradis.

Arrivés à la villa Garibaldi (on n'a jamais pu savoir pourquoi ce buen-retiro bourgeois portait le nom du général italien), Prunier se rua sur notre ami en lui criant :

— Asseyez-vous.

— Hein?

— Asseyez-vous et enlevez vos souliers ; voici des pantoufles.

— Oh! merci.

— Otez votre jaquette.

— Pourquoi ?

— Prenez cette veste de toile, donnez votre chapeau et mettez ce panama.

— Que de reconnaissance!

— Ne parlez donc pas de ça!

Et cela dura tout l'été de 1884.

Le dimanche matin on apportait à Alfred, encore couché, un grand bol de lait... du lait de vache, celui-là! A table, rien que des produits du jardin, de vrais radis, des artichauts du potager cueillis par *mademoiselle ma fille*, disait Néflier... Prunier.

Le premier dimanche on avait visité le pays; la famille expliquait qu'à tel endroit du bois, Charles IX ou Louis XI (on n'était pas fixé) avait détaché un pendu, prêt à rendre le soupir extrême (décidément, ce n'était pas Louis XI); les autres dimanches, on faisait des excursions, c'était charmant!

De temps en temps, le lundi matin, alors que les Prunier, agitant leur mouchoir, saluaient le départ du train qui emportait Rigodon, notre Parisien se demandait bien à part lui :

— Enfin, pourquoi cet accueil?

Mais ne trouvant pas de réponse et heureux de cette sympathie qu'il inspirait, il donnait un autre cours à ses idées!

Le dernier dimanche de septembre, notre rural prit Rigodon à part et lui demanda cinq minutes.

— Avec plaisir, ma vieille branche de Prunier, dit gaiement le citadin.

Et après un silence, employé à la confection de sa phrase, le propriétaire commença :

— Vous ne vous ennuyez pas, Rigodon?

— Ah! ça, vous riez, dit le jeune homme, comment voulez-vous que je...

— Non, vous ne comprenez pas, je ne parle pas du moment présent... je fais allusion à votre vie... pendant la semaine. Est-ce que vous n'éprouvez pas de temps en temps le besoin de faire partager vos joies, vos plaisirs, vos sensations à... quelqu'un; en un mot, bon Rigodon, ne songez-vous pas à... vous marier?

Rigodon s'écria alors, devinant tout à coup :

— C'est donc pour ça!

Et prenant les deux mains de son amphytrion, il lui dit ces simples mots :

—Ma femme s'appelle Amélie et j'ai deux garçons!

UNE REPRÉSENTATION EXTRAORDINAIRE

A Laurent CARATSCH

Oh! bien extraordinaire, en effet, la représentation que j'organisai à Bordeaux au mois de septembre 1880.

Mais n'anticipons pas.

. . . .

Mon premier prix de comédie obtenu, et ayant beaucoup travaillé pour le conquérir, je me dis :

Enfin, je vais donc aller me reposer un brin dans mon pays, en province !

Et de prendre mon ticktet pour la ville du bon vin... et des grands blagueurs.

A peine *déchemindeferré*, je courus chez moi me faire presser par les miens.

Je n'avais pas fini de pleurer dans le gilet d'un

vieil oncle... que je voyais pour la première fois... qu'on vint m'annoncer la visite d'un inconnu.

Le monsieur, introduit dans le salon familial, prit tout à coup la parole, en ces termes :

— Je sais que vous êtes arrivé, aussi je tiens à être le premier étranger qui vous félicite du grand succès que vous avez eu là-bas... au Conservatoire... Ça ne m'étonne pas, du reste... Je vous connais depuis longtemps, moi. Ah! vous étiez bien petit à l'époque... tenez, pas plus haut que ça... Je le disais à tout le monde... le petit Félix... vous verrez ça... plus tard! Me suis-je trompé, hé?

— Mon Dieu, monsieur, je vous remercie bien sincèrement de l'objet.....

— Vous ne le connaissez pas l'objet... Non, vous ne le connaissez pas... car je viens aussi vous demander...

— Allons donc! fis-je à part moi.

— De vouloir bien prêter votre aimable concours à une fête que nous donnons...

— Ah! ah!

— Nous serions si heureux d'afficher en grosses lettres le nom de *notre compatriote*, suivi de ce beau titre si difficile à acquérir et si légitimement envié : Premier prix du Conservatoire !

Comment refuser, à un homme qui vous a vu pas

plus haut que ça... et qui vous passe tant de pommade. Pas moyen, n'est-ce pas? Aussi lui dis-je :

— Vous pouvez compter sur moi.

Je croyais qu'il allait m'étouffer. Non, si vous aviez vu ce garçon!... enfin, c'est à se demander quel serait son état s'il gagnait jamais un lot de 200,000 francs.

Ses transports de tendresse un peu calmés, mon admirateur... intéressé reprit :

Vous allez lire les journaux, je vais vous, faire passer une *nautte!* Je ne vous dis que ça! Eh bien et les affiches... non, mais vous verrez les affiches!

En effet, je les aperçus le lendemain d'un bout de la rue à l'autre.

J'avais ce qu'on appelle en argot de théâtre : *Le fromage à la crème*, c'est-à-dire mon nom imprimé sur une bande blanche.

Aussi, pensez ce que mon cœur battait !

Ce jour-là, sous prétexte de faire visiter la ville à mon grand-père, qui l'habitait depuis plus de trente-cinq ans et qui la connaissait naturellement mieux que son petit fils, je le fis passer *par hasard*, devant tous les murs où l'on affiche d'ordinaire.

Elles m'éblouissaient, ces immenses pancartes !

Vous n'avez pas idée, ô Parisien qui n'êtes jamais allé plus loin que la Porte-Maillot, de la dimension extraordinaire, folle, insensée des affiches de théâtre en province!

On se demande en voyant le nom d'illustres inconnus, comme moi, écrit en lettres gigantesques s'il y aurait des caractères assez grands pour imprimer le nom de Got ou de Dupuis, s'ils venaient en représentations dans ces parages... où on exagère tout.

La fête se passa fort bien. Le malheur fut qu'alléché par le grand et immodéré succès que me firent mes compatriotes, je prêtai une oreille trop encourageante, si j'ose m'exprimer ainsi, comme disait feu Ballande, aux personnes qui me conseillaient d'organiser moi-même une représentation.

Ah! si j'ai jamais eu une mauvaise idée, c'est bien ce jour-là!

La représentation décidée, il s'agissait de trouver un local.

On m'indiqua une charmante petite salle qui, jadis, sous le nom de Gymnase dramatique, avait donné tous les soirs, pendant de nombreuses années, l'hospitalité a des milliers de spectateurs. (Ligier s'y fit même entendre). Mais depuis une dizaine d'années, délaissée par les directeurs, elle ne s'entrebâillait qu'à de rares intervalles, pour les troupes de passage.

La dernière *tournée* qui était passée sur ces planches fut celle de Saint-Germain avec Jonathan.

Il fut même répondu à l'artiste un mot épique, par la *patronne* d'un hôtel voisin.

Jouant à 8 heures et la table d'hôte étant à 6 heures et demie, Saint Germain avait demandé de dîner, lui et sa troupe, un peu plus tôt, afin d'avoir tout le temps de s'habiller et de respirer un peu en sortant de table. Ce surcroît de travail ne fut pas goûté des domestiques, qui servirent les artistes, comme des chiens. Saint-Germain va trouver l'hôtesse :

— Je ne vous comprends pas, madame, de tolérer que vos domestiques nous traitent avec un tel sans-façon ; nous ne demandons pas l'impossible, après tout ; puisque nous payons bien, nous demandons à être servis convenablement.

— Eh! monsieur, c'est ce que je ne cesse de leur répéter : ce sont des comédiens, je le sais bien, mais enfin quoi, vous ne savez pas ce que vous pouvez devenir !

. . . .

Mais revenons au Gymnase... bordelais.

Cette salle ne sert, la plupart du temps, qu'à l'exécution de chœurs, cantates, oratorios, etc., etc., et la scène n'étant pas suffisamment spacieuse pour contenir les cent cinquante ou deux cents personnes qui y prennent place les jours d'exécution, on a eu l'idée de l'agrandir au moyen de rallonges, ce qui fait qu'elle va jusqu'au milieu du théâtre.

Par conséquent, le rideau baissé séparait la scène en deux parties égales.

Je louai donc cette salle, demandant toutefois qu'on me la donnât arrangée et en état de pouvoir y jouer la comédie, car, n'ayant pas l'intention d'interpréter un drame militaire aux évolutions nombreuses, ce supplément de scène était pour moi parfaitement inutile et gênant.

Il me restait alors à chercher trois ou quatre artistes, afin de composer un spectacle présentable.

Justement Amiati, de l'Eldorado, était en représentations à l'Alcazar, où elle faisait *florès*. J'avais eu occasion de la voir souvent, au concert du boulevard Strasbourg ; nous avions beaucoup d'amis communs, la présentation fut donc rapidement faite. Mise au courant de la situation, l'Etoile, avec la meilleure grâce du monde, me promit son concours, si toutefois elle avait la permission de son directeur.

Je la conquis, cette permission !

Je flamboyais, victorieux : Je possédais Amiati !

Amiati, c'était mon *clou* (encore une expression bizarre.)

C'était pour ma soirée, un attrait réel, car la haute société n'allait pas à l'Alcazar, et désirant fort applaudir la chanteuse, ne manquerait pas cette occasion.

En écrivant le nom de mademoiselle Amiati, il me revient à l'esprit un mot que lui lança son hôtesse.

Comme le public qui devait venir au Gymnase applaudir *mon étoile*, était infiniment mieux élevé que celui qui l'acclamait tous les soirs à l'Alcazar, sa propriétaire lui dit :

— Vous n'aurez pas peur de chanter au Gymnase?

— Pourquoi ça ?

— Té, vous allez voir là des gens bien !

Décidément, les maîtresses d'hôtel de Bordeaux ont le monopole des reparties heureuses.

Amiati, c'était assurément beaucoup, mais ça ne suffisait pas.

On jouait au Grand Théâtre : *Les Étrangleurs de Paris*. J'avais précisément un camarade qui jouait un monsieur parfaitement honnête qu'on étranglait vers les dix heures et quart, je lui proposai de jouer avec moi : *Le petit voyage*.

Sur ces entrefaites, un couple vient m'offrir de jouer un lever de rideau. A merveille !

Un baryton se présente.

Il répète, mais ne chante pas une note de la partition, et comme le pianiste le regarde, abruti :

— Allez toujours, lui dit-il, moi, je ne fais pas ce qui est marqué !

Le pianiste l'envoie promener... je comprends ça.

Le jour de la représentation arrivé, je cours chez le machiniste qui me demande trois jours pour enlever l'avant-scène.

— Trois jours, assassin, mais je joue ce soir !

— Oh ! alors n'y comptez pas.

Je sentais blanchir la moitié de mes cheveux.

— Mais comment voulez-vous que je fasse ? le trou du souffleur a disparu sous les planches qu'on a ajoutées... et il sera utile, le trou du souffleur !!!

— Eh bien, il faut le mettre à découvert.

— C'est mon avis.

— Levons trois planches, alors !

— Levons trois planches, alors.

Et nous voilà levant trois planches. Jusqu'ici j'avais été organisateur, régisseur, j'étais maintenant menuisier.

Les trois planches enlevées, la carapace du souffleur émergea. Mais devant cette boîte, il y avait un trou énorme et, de la première galerie, on aurait vu les jambes de ce modeste mais utile employé.

Je dis au machiniste :

— A présent, il faut boucher cette cavité avec des planches :

Cet ouvrier me répond avec sang-froid.

— Avez-vous des planches ?

Alors, instinctivement je me fouille pour voir si par hasard je n'avais pas sur moi...

Non, voyez-vous ce misérable qui me demande si j'ai des planches !!

— Eh bien, et celles-là, fis-je en lui montrant celles que nous venions d'enlever.

— Oh ! mais je ne puis pas les couper, reprit-il, il me les faudra intactes pour les remettre à leur place.

— Eh bien, qu'est-ce que nous allons faire alors, nous ne pouvons cependant pas jouer avec un abîme béant au milieu de la scène.

— Je ne sais pas, moi... Clouez un tapis.

Le temps s'écoulait, nous décidâmes de suivre ce conseil, et nous voilà à genoux, clouant un tapis de billard au-dessus de cette immense trappe.

J'étais devenu organisateur, régisseur, menuisier, machiniste, tapissier et ce n'était pas fini !!!

Pourvu, grands dieux ! que mes artistes ne viennent pas se promener sur ce parquet bizarre, ils n'auraient qu'à disparaître tout à coup, le public croirait que nous jouons une féerie.

Le trou du souffleur se trouvait donc ainsi placé

au milieu de la scène; ce qui fait que le soir, lorsque l'acteur s'avançait par trop, il avait le *souffleur derrière lui.*

— Eh bien, et la rampe? où est-elle la rampe?

— Elle est cachée sous les planches.

— Alors, nous n'aurons pas de rampe, ce soir???

La seconde moitié de mes cheveux s'argentait.

— Allez vite, vite, me dit le menuisier-machiniste, chez le gazier du théâtre.

— Où ça?

— A l'usine à gaz.

— Bien, j'y vais.

On sait que les usines à gaz ne sont jamais situées au centre des villes, aussi ce fut seulement une heure après que je descendis de voiture.

— L'employé chargé du compteur à gaz du Gymnase... où est-il?

— A déjeuner, chez lui... 310, boulevard du Bouscat. (A l'extrémité de la ville!)

Ah! le criminel! j'y cours.

Une fois chez lui, on me dit:

— Il vient de partir pour la rue Ornano où il range un tuyau à gaz, dans la rue.

Je vole rue Ornano.

Je vois des pavés entassés les uns sur les autres...

mais pas de gazier. Je demande aux boutiquiers voisins.

— Où est-il?

— Qui?

— Le gazier qui était là tout à l'heure.

— Il est allé probablement boire un coup.

— L'ivrogne! il sort de table!!!

Et me voilà, au milieu de la rue, devant un tuyau défoncé qui empestait l'air, attendant mon homme.

Il arriva enfin, je lui raconte ce qui se passe.

Après m'avoir fait recommencer trois fois mon récit, ce bandit me répond :

— Je ne peux pas quitter mon poste sans autorisation du directeur de l'usine. Allez me la chercher.

Je galope à l'usine. J'arrache le mot et retourne chercher le gazier que j'entraîne avec moi.

Une fois au théâtre, on me dit :

— Le piano n'est pas encore arrivé et les artistes attendent pour répéter.

Il était deux heures et je n'avais rien pris depuis la veille au soir.

Je me précipite chez le facteur... de pianos.

Ce scélérat me répond :

— J'ai oublié de dire hier à mon patron que vous

étiez venu, et je ne puis vous prêter un piano sans qu'il le sache.

— Où est-il votre patron ?

— A la campagne, mais il reviendra ce soir à 7 heures.

— A 7 heures, canaille ! ! ! ! mais je le veux de suite !

Et j'allais l'étrangler, lorsque la porte s'ouvrit et la jeune fille de la maison parut.

Au lieu de me faire arrêter pour tentative d'assasinat, me reconnaissant, elle consent à me louer un Pleyel. J'étais sauvé.

J'arrive au théâtre. Mes artistes ayant perdu patience venaient de partir, ne sachant trop s'ils reviendraient le soir. J'en raccole trois au café du théâtre, et nous répétons pour la première fois : *Le petit voyage.*

Quelle répétition, mon Dieu !

Je croyais devenir fou. Le jeune premier ne savait pas un traître mot, l'ingénu, qui avait pris des leçons de Talbot, demandait une allumette sur le ton des imprécations de Camille, et quant à celui qui jouait le rôle de l'aubergiste... non, celui-là je renonce à vous le dépeindre... Au fait si... un mot vous donnera une idée de sa bêtise.

J'avais à lui dire, dans la pièce, après lui avoir commandé le menu du souper :

— Comme dessert, vous nous fricasserez quelque chose de sucré.

A quoi, il doit répondre, énumérant ses plats :

— Parfait-vanille... orange, etc. etc.

Ce malheureux ignorant qu'il existait de par le monde... des pâtissiers des parfaits, me répond d'un air entendu et comme s'il s'agissait de l'adverbe :

— Parfait!... vanille, orange.

Je lui fus reconnaissant, car il me fit rire. C'était la première fois que ça m'arrivait depuis trois jours.

. . . .

Je dis au machiniste :

— Comme accessoires, il nous faudra une cheminée...

Il me répond avec ironie :

— Une cheminée... au mois de juillet!

Mais ce machiniste m'en a fait une plus drôle.

Je le vois arriver avec une chaise originale.

— Qu'est-ce que c'est que ça?

— C'est une précaution.

— Qu'est-ce que vous voulez dire?

Et me faisant voir la brochure, il me montra ces mots : *Auguste rentrant avec une grande précaution.*

Enfin, je vis se terminer cette maudite représentation avec un réel grand plaisir. Tout avait bien marché, mais c'est égal, si je ne suis pas devenu fou ce soir-là, c'est que ma cervelle est rudement solide.

N'importe, quand on me reprendra à organiser une représentation extraordinaire, on refusera du monde à la piscine Rochechouart.

LE RUBAN

A Aurélien SCHOLL.

Je vous donne en mille à deviner pourquoi mon ami Georges de Senneville n'a pas fait son volontariat?

. . . .

Inutile de chercher, vous ne trouveriez pas ; aussi vous le dirai-je, tout de suite.

Georges avait dix-neuf ans, son baccalauréat et... une maîtresse pour lui tout seul ; aussi comprendrez-vous aisément la grimace qu'il fit, en recevant un beau jour du mois d'avril, un imprimé portant ces mots :

CLASSE DE 1884

CONVOCATION

« Le sieur Fernand-Georges de Senneville, inscrit

sur les tableaux de recensement du 1ᵉʳ arrondissement de Paris, est invité à se présenter devant le conseil de révision, qui se réunira le jeudi 24 avril 1884, à huit heures du matin, au Palais de l'Industrie (Champs-Elysées) pavillon Nord-Est, salle du rez-de-chaussée, porte 5, pour procéder à la formation de la classe de 1884. »

— Sapristi ! En voilà bien d'une autre ! Je n'y pensais plus, moi !

Et la tête baissée, Georges, dans une attitude d'abattement indescriptible se prit à penser au vernissage, aux petits soupers qui en sont la conséquence, en un mot à ces mille distractions de désœuvré.

Il faudrait donc, pendant douze interminables mois, oublier tous ces plaisirs, se priver de ces fêtes éreintantes, il est vrai, mais obligatoires pour quiconque fait partie de ce régiment bizarre et interlope qu'on dénomme le Tout-Paris !

Certes Georges était bon patriote dans maintes circonstances, il avait donné de preuves de son attachement au sol natal ; dernièrement encore, n'avait-il pas à Nanterre fait une conférence sur « le repeuplement de la France », conférence qui lui avait valu les félicitations et témoignages de sympathie de la part des notables de la commune ? N'était-il pas membre fondateur de la Ligue des patriotes. Et du reste, il avait de qui tenir, car dans sa famille on ne comptait que gentishommes valeureux et guerriers célèbres : Carolus de Senneville, son grand-oncle, dont le portrait en pied était le plus bel ornement du grand salon paternel, n'était-il pas là pour donner un démenti éclatant à l'impudent qui aurait douté du courage familial? Non, encore une fois, personne n'ignorait le chauvinisme de Georges comme il se plaisait à dire à lui-même.

Mais c'est égal, quitter tout à coup le pantalon étroit pour la large culotte garance, abandonner les souliers chinois pour les godillots carrés, troquer son bon lit de plume contre le sommier gouvernemental, ne plus faire la grasse et réconfortante matinée, ce n'est pas drôle ; en un mot quand on a pris la douce et facile habitude de ne rien faire, et qu'un beau jour, sans crier gare, on vient vous rappeler que vous devez servir la patrie, eh bien, entre nous, c'est dur, convenons-en.

Aussi, l'exclamation ci-dessus n'avait donc rien d'exagéré.

*
* *

Georges alla, tout déconfit, faire part de la mauvaise nouvelle à Lucie, l'ange blond qui charmait son heureuse existence.

— Et il n'y a pas à dire : mon bel ami, soupira-t-il, en lui montrant la cruelle convocation, il faut sauter le pas.

— Voyons, dit tout à coup son amie, n'as-tu pas de cas d'exemption, au moyen duquel tu pourrais...

— Hélas! non! soupira Georges, j'ai déjà obtenu deux sursis, mon père vit encore... bien heureusement. Je suis très bien constitué.

— Oui, je sais, murmura Lucie, ses jolis yeux baissés, ah! c'est bien triste!

— Oui, très triste, en effet, répéta Georges sur le même ton et tout en pensant à autre chose.

— Une idée! exclama la jeune fille; si tu te fatiguais beaucoup jusqu'à demain matin, peut-être qu'en voyant une figure tirée, des yeux battus, on te croirait un peu poitrinaire et alors...

— Ah! bien, ouiche, fit Georges, si tu crois qu'on ne la leur fait jamais, celle-là! Ils n'y coupent plus, va, et depuis longtemps!

— Ça ne fait rien, essaye tout de même.

— Mon Dieu, je veux bien. Voyons, qu'est-ce que je pourrais faire qui me fatiguât beaucoup et ne fût pas trop ennuyeux. Il y a la marche, oui; mais ça ne me va pas énormément, sans compter que ça rate quelquefois; ainsi Gaston, tu sais, celui qui est si pâle, eh bien, Gaston s'était livré à cet exercice éreintant : le matin il était allé de la barrière du Trône à Longchamps, à pied ; il arrive au conseil frais et dispos, le visage épanoui, avec des couleurs, le malheureux !

— Bon pour le service ! lui cria-t-on, l'ayant à peine vu. Tu comprends qu'il ne me sourit guère de juiferranter ainsi pour en arriver à ce résultat !... Voyons, c'est curieux, je ne vois pas...

— Eh ! bien, moi, dit Lucie plus rouge qu'une cerise, j'ai trouvé — et sans chercher beaucoup — un moyen sûr et agréable de te fatiguer...

— J'y suis ! cria Georges, qui venait de comprendre, un peu tardivement, entre nous ! J'y suis ! répéta-t-il par deux fois tout en couvrant de baisers sa gentille maîtresse. Oh ! amour de ma vie, tu as raison, mais où donc avais-je la tête de ne pas penser à...

Eh ! bien, je veux préparer les choses de longue main, tiens-toi prête à six heures, je viendrai te chercher pour dîner. Et fie-toi à moi pour le programme de notre soirée.

*
* *

Sorti de chez Maire, à huit heures et demie, notre aimable couple se dirigea du côté des Variétés, où

Georges avait loué une baignoire grillée, s'entend !

Vous dire qu'aucune réplique des acteurs ne leur échappa serait peut-être mentir.., leur *attention* fut un tantinet *distraite*.

Venus au quart du premier acte, ils partirent au milieu du dernier.

Légèrement émoustillés par le champagne et les grivoiseries si chastement lascives de Judic, nos tourtereaux, enfouis dans le fond d'une voiture, arrivèrent promptement chez eux, animés des meilleures intentions, je vous l'assure.

. . . .

A la clarté discrètement timide d'une veilleuse opale, Georges et Lucie s'en donnèrent à cœur joie et se livrèrent à un de ces duels d'où l'amour sort vainqueur, comme on disait au bon vieux temps.

Quand on a fini de rire, on peut causer, a dit Lamartine, je crois (je n'en suis pas sûr). Nos amoureux causaient donc de choses et autres — surtout d'autres — et s'embrassaient toutes les deux minutes, pour n'en pas perdre la charmante habitude.

C'est ici, ô Armand Berquin, qu'il me faudrait ta plume.

Comme si elle en eût besoin, la coquette Lucie s'était vêtue, pour se rendre plus irrésistible encore, d'une chemisette de soie crème, égayée par endroits de petits nœuds de ruban ponceau !

Ayant arraché un de ces rubans, elle jouait avec, s'en faisant tantôt un collier, tantôt un bracelet ; à un moment donné, une idée folle la prit.

. . . .

— Mais tu me chatouilles, dit Georges en sursautant ; qu'est-ce que tu fais ?

— Je te décore, balbutia Lucie.

*
* *

— Huit heures ! lève-toi vite, tu vas être en retard !

— Saprelotte ! nous nous sommes endormis, dit Georges en enfilant prestement son pantalon. Adieu, mignonne aimée, à midi je viendrai immédiatement t'annoncer, heureux ou triste, le résultat.

*
* *

Notre conscrit fit irruption dans la grande salle du conseil, comme le sergent instructeur appelait son nom. Il était temps, pensa Georges, rassuré à l'idée de n'encourir aucune peine, et passant avec d'autres camarades, fumistes, clercs de notaire et lycéens, dans une salle contiguë, il procéda à la toilette de rigueur.

— Georges de Senneville, à vous !

Il grimpa prestement sur l'estrade et se mit de lui-même sous la toise.

Mais aussitôt un formidable éclat de rire retentit, et tous, généraux, chirurgiens, maire, gendarmes de se tordre dans des convulsions hilares et nerveuses.

— Exempté, pour végétation sanguinolente! cria le médecin militaire.

Georges ne comprenant qu'une chose, c'est qu'on le rendait à sa chère liberté, sauta comme un cabri sur ses effets et s'habilla sans demander son reste.

Mais tout en cherchant la cause du rire fou et spontané qui l'avait accueilli, il jeta un regard sur lui-même et aperçut, joyeux et guilleret, le ruban qui flottait toujours !

Le médecin militaire, ayant sans doute cru à un phénomène bizarre, l'avait exempté ex-abrupto.

. . . .

Aussi, chères lectrices, ne soyez point étonnées, si le hasard vous conduit à l'entresol de Georges de Senneville, de voir sur un cadre à fond de velours noir briller un ruban rouge !

VIRGO

A Paul LHEUREUX

— Comment? toi, Pétru? dans mes bras! Et depuis quand ici?

— D'hier soir, minuit... vous le voyez, ma première visite...

— Oui, c'est gentil tout plein, ça. Mais pourquoi diable être retourné dans ton satané pays qui n'a qu'un tort, celui d'être trop loin du café Riche?

— Que voulez-vous? Bucharest est ma ville natale, et il faut bien de temps à autre aller se retremper « au pays ».

— Le fait est que tu en avais besoin, après la vie de patachon que tu menais. A propos, tu sais que tu as fait sans t'en douter une nouvelle conquête.

— Allons donc, et qui ça?

— Diantre, laisse-moi respirer. Au fait, non, j'aime mieux te faire languir, ça m'amusera. Eh ! bien, apprends, misérable veinard, que c'est la plus jolie créature que je connaisse. Des yeux à damner les saints du paradis, des dents à croquer toutes les pommes de ce jardin, des cheveux ! une nuque !! tout enfin, tout ! Ah ! tu n'es pas à plaindre, mon gaillard, et j'en sais plus de mille qui voudraient être à ta place, car ta future victime fait tourner toutes les têtes en ce moment, Paris entier s'occupe d'elle, sa photographie s'étale chez tous les libraires du boulevard...

— Ah ! vous êtes cruel.

— Et toi, impatient. En un mot, je parle de...

— De ?

— De Pallas !

— La dame de pique !

— Non, Pallas, la grande comédienne qui électrise chaque soir deux mille spectateurs dans *Virgo*, le drame naturaliste qu'on joue actuellement aux Fantaisies-Macabres.

— Comment, Pallas ! la fameuse Pallas qui vient de se révéler dans la pièce que vous citez ?

— Oui, mon cher, elle-même.

— Voyons, c'est pour rire ; elle ne m'a jamais vu !

— C'est possible, mais elle a vu ton portrait, là, sur la cheminée, et s'est écriée tout à coup : « Dieu, le joli garçon! » et l'on sait ce que ça veut dire quand Pallas s'écrie : « Dieu, le joli garçon! » Heureusement que tu viens de te refaire. Enfin, mon bon Pétru, je ne t'ai dit que l'absolue vérité ; vois maintenant ce que tu as à faire, mais tiens-moi au courant, ça m'intéresse.

*
**

Neuf heures. Pétru sort de chez Noël en mâchonnant un régalia, et se dirige lentement du côté des *Fantaisies*, où il est allé retenir dans la journée l'avant-scène du rez-de-chaussée, côté gauche, — côté du cœur — attention qu'on remarquera sans doute.

Au-dessus du théâtre, le mot *Virgo*, écrit en letres de feu, jette une lueur fantastique sur les maisons voisines. A la vue de ces cinq lettres enflammées, le cœur de notre ami bat à éclater.

— Si Pallas était réellement *virgo,* se dit-il, en riant ; c'est peu problable, vu son tempérament volcanique qui est proverbial.

Assourdi par les mille cris s'entre-croisant dans l'air ; *Valince, la beun' valince... D'mandez preugram'.,. nom des artiss, leur bieugraphie... un fauteuil! moins cher qu'au bureau!* Pétru, après avoir fait involontairement un heureux en jetant son cigare, entra dans la salle, d'un air résolu.

Le lever de rideau terminé, la claque seule fit son office.

Pour occuper les loisirs de l'entr'acte, notre Roumain lorgne avec indifférence les épaules cachées au fond des baignoires, et cherche parmi les vieilles gardes les figures de connaissance.

Mais l'orchestre prélude et le silence se fait aussitôt.

*
* *

Au premier acte, Pallas ne paraît pas ; il est même à remarquer qu'aujourd'hui les auteurs ne font entrer *l'étoile* que vers neuf heures, la salle étant entièrement pleine à ce moment-là.

Les spectateurs n'écoutaient donc qu'avec une attention relative l'exposé de la pièce.

Enfin, au milieu du second acte, Virgo apparaît dans un costume aussi transparent... qu'une profession de foi de député.

A peine entrée, Pallas aperçut Pétru dont le plastron se détachait clairement au fond de la baignoire obscure. Un instant saisie, elle reprit bientôt ses sens et joua dès lors tout son rôle pour lui.

Ah ! que de passion dans ses scènes d'amour, que de câlineries félines dans ses tirades de tendresse. Ses camarades en étaient stupéfaits ! Jamais Pallas n'avait *donné* comme ce soir-là.

Lorsqu'au milieu du troisième acte elle adresse une déclaration des plus brûlantes à Sangor, le jeune premier qui l'a arrachée des mains des corsaires, ce n'est plus à l'artiste, son partenaire, qu'elle parle, non, c'est à *lui*, l'être aimé, qui ne s'en doute peut-être pas.

O puissance irrésistible de l'amour !

Elle n'a vu que le portrait de cet homme, il y a six mois, mais cela lui a suffi pour ne plus l'oublier.

Merci, blond Cupidon ! tu l'as prise en pitié en envoyant ce soir, au théâtre, cet inconnu qui marquera peut-être dans l'existence de la comédienne.

Pétru, ayant remarqué le mouvement de Pallas à

sa vue, et ne voulant pas demeurer en reste avec elle, prie l'ouvreuse de porter à l'actrice un bouquet gigantesque avec sa carte de visite, sur laquelle ces mots :

« Où et quand puis-je vous voir ? »

A la rigueur, *puis-je vous voir* eût pu être supprimé ; mais il fallait être correct avant tout, au moins pour la première fois.

Quelques instants après, la femme aux rubans roses arrive, mystérieuse, et dit en souriant :

« Demain matin, 10 heures, 2, Rue de la Fidélité.

*
* *

Le lendemain, à l'heure indiquée, Pétru jetait à un cocher cette adresse ironique : rue de la Fidélité !

Bientôt arrivé, grâce au coursier fougueux de la Compagnie Bixio, le Valaque gravit lestement les marches qui conduisaient au second étage de l'actrice.

Ah ! quelle émotion avait Pétru en tirant le cordon de sonnette qui n'en pouvait mais !

La porte s'ouvre enfin.

Ciel ! que voit notre Turc ? Pallas ! elle-même, sa

belle et luxuriante toison de cheveux bruns dénoués, rejetés en arrière, et

. . . . Dans le simple appareil
D'une beauté qu'on vient d'arracher au sommeil.

Ebloui d'un tel accueil, le Moldave entra chez la comédienne, et. . . . .
. . . .

*
* *

Je n'avais pas revu Pétru, depuis quatre ou cinq mois, lorsque avant-hier, au coin de la rue Drouot, je le rencontrai et eus, je l'avoue, bien de la peine à le reconnaître.

Ses traits tirés, son dos légèrement voûté, m'impressionnèrent vivement ; mais, ne voulant pas lui laisser deviner le triste effet qu'il avait produit sur moi, je changeai tout à coup d'expression et, presque souriant, lui demandai :

— Eh bien, mortel ! toujours heureux ?

— Ah ! mon ami ! dit-il en soupirant.

Et dans ces trois mots, que de regrets, que de désillusions!

— Mon Dieu ! tu me fais peur ; pourquoi cet air

de traître de mélo ? Il me semble que ton sort n'est pas à plaindre.

— Vous aussi ! cria-t-il en m'étreignant le poignet, mais vous ignorez donc ce que c'est que d'être épris d'une femme de théâtre ? Ah ! ignorez-le toujours : c'est tout ce que je vous souhaite.

Et heureux de trouver un gilet d'ami dans lequel il pût pleurer à l'aise, Pétru s'épancha abondamment dans mon sein.

— Cette femme, reprit-il, joue sans cesse la comédie ; elle ne peut pas me dire à table : Passe-moi le sel », sans vibrer effrontément. Si je parle d'une cocotte en la blaguant, aussitôt Pallas, prenant une pose tragique, me commence une diatribe échevelée sur le sort infortuné des filles livrées à elles-mêmes, et, pour couronner son discours, appelant à son aide Victor Hugo, termine son dithyrambe en me récitant le fameux :

Ah ! n'insultez jamais une femme qui tombe !

— Bah !
— Et tout cela ne compte pas ! le plus épouvantable, c'est la nuit ; le jour n'est rien, mais c'est la nuit, mon cher !

Et comme je clignais malignement.

— Oh ! non, vous n'y êtes pas, poursuivit-il. Vous

vous figurez peut-être, qu'elle me permet de prendre de temps en temps un repos — bien gagné. Ah !

bien, oui ; au milieu de la nuit elle me réveille en sursaut, me disant brusquement :

— Lève-toi.
— Hein?
— Et prends ça.
— Qu'est-ce que c'est?

— Racine.

— Pour quoi faire?

— Donne-moi la réplique.

Et nous voilà tous les deux, en chemise, jouant *Britannicus*.

La première fois, j'ai trouvé ça drôle; dire de la tragédie à deux heures du matin, dans ce nouveau péplum, c'était original; mais, à la longue, je me suis lassé de ce plaisir, et j'ai essayé de faire comprendre à Pallas que les voisins aimeraient mieux dormir paisiblement que d'entendre une partie de la nuit hurler :

Rome, l'unique objet.....

A cette remarque, bien doucement faite pourtant, elle me jeta le livre à la figure, me crachant au visage cette insulte pleine de mépris :

— Bourgeois !

— Eh ! bien, oui, bourgeois tant que tu voudras, lui ai-je dit; j'ai pour Racine une admiration profonde; mais à quatre heures du matin, j'ai autre chose à faire que de relire ses chefs-d'œuvres...

Et me voyant sourire, Pétru exaspéré, s'interrompit :

— Oui, oui, riez; mais moi, je pars ce soir pour Bukharest!

LETTRE

Le Havre-Sainte-Adresse, 18 *août* 1885.

Cher monsieur Besson,

Après la tournée de la *Parisienne,* je n'ai eu que le temps de secouer mes effets et de reboucler mes malles pour Sainte-Adresse.

Je réalise ici le rêve de tous les comédiens : je suis directeur, directeur artistique s'entend, du casino Marie-Christine. Un directeur pas bien imposant, comme vous voyez. J'ai une petite troupe, oh! pas bien grande; nous sommes... quatre — deux de chaque sexe — nous jouons deux fois par semaine; ça n'a l'air de rien? eh bien, c'est énorme.

C'est énorme par la raison que je renouvelle toutes les fois l'affiche (et quel mal pour trouver un répertoire!)

J'ai donné, jusqu'à présent, *vingt trois pièces en un acte, en treize soirées* (le *Serment d'Horace*, l'*Histoire d'un sou* et les *Etrennes d'Edouard*), un petit chef-d'œuvre que j'ai signé avec Evin, mon collabo- du *Lézard* — ayant été redemandés, sans compter l'avalanche torrentielle et obligatoire de monologues!

J'ai joué tous les actes de Verconsin, Ferrier, Thiboust, Quatrelles, Normand, Grenet-Dancourt, Bilhaud, Lheureux et... les miens (tiens, donc!

Quelle merveilleuse situation que celle de ce casino huché à mi-côte de Sainte-Adresse! Quelle vue! Quel site!

Cet adorable endroit joint aux plaisirs de la station balnéaire l'agrément de la grande ville qui est là, à ses pieds.

Et jamais monotone un port de mer!

Hier, j'ai été voir débarquer des cochons.

Ce qu'ils... criaient!

Pas à la noce, ces compagnons de Saint-Antoine!

Placés dans une grande caisse, une grue les élevait et les déposait sur le quai.

Après tout, ça n'a rien d'extraordinaire des grues levant des cochons.

*
* *

Hier, autre réjouissance : concours de natation. Vraiment curieux, tous ces jeunes gens, en caleçon de bain, se précipitant à la fois dans la « *mé* » et gagnant le large en cherchant... à gagner le prix.

500 mètres à faire !

Le hasard avait placé à mes côtés le père et la mère d'un concurrent qui, avant de fendre les flots, vint recevoir les derniers conseils paternels.

— Ne te presse pas surtout, ménage ton souffle et fait des brasses, tu entends, fais des brasses.

— Savez-vous que c'est raide, dis-je à la mère, 500 mètres !

— Oh ! monsieur le gas, est marin ; à sept ans, il a eu un prix.

— Oh ! bien, vous êtes tranquille.

— Tiens, regarde ton fils, fait le père, en s adressant à sa femme, c'est lui le premier, à présent. Aïe donc !

Et la mère, tout en le suivant des yeux, faisait les mêmes mouvements que son rejeton.

— Jusqu'où va-t-il ? demandai-je.

— Il va doubler la barque où est le drapeau là-bas !

— Ah ! il va... (Elle n'est pas solide, pensai-je ; c'est égal ce n'est pas commode de doubler une barque en étant dans l'eau. Enfin !...)

— Voyez-vous comme il souque ! s'écria la mère triomphante.

— Oh ! oui, il souque bien ! répétai-je en ayant l'air de comprendre ce qu'elle voulait me dire.

. . . .

Revenu à terre, le jeune homme sortit de l'eau aux acclamations de la foule enthousiaste.

— Bébé ! exclama la maman en larmes.

(Bébé avait dans les vingt-six ans et une barbe de fleuve.)

— Tiens bois, ça, fieu, fit le père en tendant une fiole de rhum qu'il venait de prendre dans sa poche et embrasse-moi.

Je vous assure que c'était très drôle de voir ce bon vieux couple embrasser ce grand monsieur tout nu et ruisselant. J'en avais les yeux humides... Il faut dire que j'étais si près de lui...

Le plus fort, c'est que, quelques instants après, il recommençait une seconde course de 800 mètres, et la gagnait haut... les bras...

Et comme en nageant on décrit toujours quelques zigzags, ça lui a fait environ 1500 mètres qu'il avait dans les jambes à la fin de la journée. Décidément il est plus fort que moi.

Et maintenant un mot pour finir :

Faisant faire une pendule en bois (accessoire), le peintre du casino embarrassé vint me demander *quelle heure il fallait peindre ?*

Et comme je le regardais, prêt à pouffer :

— Bah ! dit-il, je vais mettre onze heures... C'est toujours à cette heure-là qu'on regarde la pendule. (Historique.)

Bien vôtre,

F. G.

UN CLARINETTISTE

A Ph. GILLE.

Dire que l'artiste a pour emblème l'humble violette serait à coup sûr, une très jolie phrase, mais qui aurait le tort de n'être pas positivement exacte.

On sait, en effet, que la modestie n'est pas la qualité dominante du monsieur qui fait quelque chose en public.

J'ai déjà coudoyé dans ma courte existence pas mal de comédiens poseurs, de chanteurs prétentieux et d'instrumentistes se disant célébrissimes, mais jamais, au grand jamais, il ne m'a été donné de voir un type aussi achevé, aussi complet que celui que je viens de rencontrer cet été... a Galet-sur Mer.

Sourdinoff (c'est son nom... ou à près), clarinettiste aussi décoré que chevelu, vint donner, il y a quelques semaines, un « concert instrumental et spirituel » au casino de la station balnéaire précitée.

Les plaisirs nocturnes étant plus que rares dans cette oasis de la Normandie, à l'annonce du concert Sourdinoff, tous les baigneurs allèrent en foule retenir leur place à cette cellule vitrée dénommée : Casino.

La plage entière se fit inscrire.

Pas de périphrases atténuantes : le concert fut assommant!

Du reste, voici le programme, autant que je me le rappelle, jugez vous-même :

Première partie : ouverture *exécutée* par un vieux monsieur payé 80 fr. par mois pour éreinter l'ivoire de la maison Pleyel, à faire s'agiter les pieds énormes de nos chers voisins, les Anglais.

2° Six morceaux de clarinette (a. b. c. d. e. f.) airs connus, dérangés par Sourdinoff et joués par l'auteur.

Entr'acte.

Réouverture de plus en plus massacrée... exécutée par le bon vieillard « qui n'avait jamais travaillé devant un aussi bel auditoire » et, pour finir, huit morceaux (a. b. c. d. e. f. g. h.) par le bénéficiaire !

Ah ! le criminel ! marches funèbre et guerrière, valse, tarentelle, pas redoublé, mélodie, galop, rien ne manqua.

Et, comme heureux de ne plus être oppressé par le poids de ce programme, le public, à l'issue de la soirée, applaudissait timidement ; ce Sourdinoff de malheur ne s'avisa-t-il point de recommencer son dernier numéro !

Il se bissait, l'infâme !

Je me disposais, joyeux, à regagner mes lares (vieux style) quand un voisin de table d'hôte, vint me dire :

— Venez féliciter Sourdinoff.

— Hein ?

— Vous ne pouvez pas vous en dispenser, il vous a vu dans la salle et compte sur vos compliments.

— Mais...

— Voyons, ça vous coûte si peu, et ça lui fera tant de plaisir !

Je n'aime pas beaucoup dire le contraire de ce que je pense, surtout en art, et j'avoue que la perspective de serrer la main de mon bourreau en le félicitant, était pour moi peu réjouissante.

Enfin, ne voulant pas m'attirer la haine d'un clarinettiste — ça fait trop de bruit — je suivis notre ami commun.

* *
*

Nous arrivâmes au moment où une grosse dame disait avec admiration à l'instrumentiste :

— Vous devez avoir bien soif!

Les présentations faites, je balbutiai quelques paroles vagues :

— ... Succès réel... public charmé... devez être content... mais le disciple de Christophe Denner m'arrêtant tout à coup, me dit avec un sourire que je ne crains pas de qualifier d'amer :

— Ah! cher confrère (pourquoi m'appelait-il confrère, moi qui ne souffle dans rien du tout? J'ignore) il n'y a que l'étranger pour remporter ce qui s'appelle des succès prodigieux. Je ne parle pas, là, des couronnes qu'on vous lance, des palmes qu'on vous décerne, des médailles qu'on vous offre, des décorations qu'on vous supplie d'accepter, non, tout cela n'est rien, auprès de l'estime qu'on a pour l'artiste! L'estime, voyez-vous, il n'y a encore que ça! C'est à qui vous approchera ! Les ducs, les princes considèrent comme un honneur insigne de vous serrer la main.

— Ah ! bah ! fis-je, ahuri.

— Ainsi, tenez, poursuivit Sourdinoff, laissez-moi vous conter une aventure qui m'est arrivée dernièrement, à Potsdam.

Je venais de donner un concert qui avait eu un de ces succès !... enfin, je passe. La marquise de Pigalska y assistait.

Enthousiasmée de mon grand talent, cette noble dame organisa chez elle, une petite soirée et me pria de vouloir bien m'y faire entendre. Je consentis.

Je n'ai pas besoin de vous dire que s'il fut restreint, le public était composé de tout ce que Potsdam comptait de plus aristocratique ; tous mes auditeurs étaient assurément incrits dans l'almanach de Gotha. J'allais donc jouer là, devant un parterre de princes.

*
* *

Sur l'invitation de la grande dame qui me recevait, je me disposais à commencer lorsque je m'aperçus que Pédali, mon accompagnateur n'était pas là. Lui ! un garçon si exact d'ordinaire ! Son absence devait avoir eu pour cause une indisposition grave ; il ne fallait pas compter sur lui, ce soir-là. Je m'excusai de mon mieux auprès de la marquise, lui assurant que je ne pouvais pas plus me passer de mon accompagnateur que de mon propre instrument, et la priai de me pardonner si je ne me faisais point entendre. Mais, à l'idée de son monde vainement réuni, de sa soirée manquée, ma noble hôtesse soudainement devenue pourpre, s'adressant à la vieille princesse Diamanfo, pianiste remarquable quoique amateur, la supplia de m'accompagner. La douairière, que cet honneur inattendu troublait fort, ce qui est bien naturel, se récusa. J'allais partir lorsqu'un monsieur tout chamarré, absolument correct dans son habit noir, s'avança vers moi et me dit :

— Mon Dieu, monsieur, j'ai joué souvent pour me distraire la fantaisie de Demersmann et, si vous voulez bien, je me fais fort de vous suivre. Ne me refusez pas cette gloire, je vous en prie.

Après une demi-seconde d'hésitation, j'acceptai et n'eus pas à m'en plaindre car mon accompagnateur improvisé me seconda merveilleusement. Le morceau eut un succès écrasant, comme d'habitude.

Je demandai à mon pianiste inconnu son nom, afin d'aller le remercier moi-même, il me répondit :

— Venez demain à cette adresse; je serai heureux à mon tour, de vous redire toute l'admiration que j'ai pour votre colossal talent.

Je n'eus garde d'y manquer, vous le supposez.

. . . .

Le lendemain, ma voiture s'arrêtait devant un magnifique hôtel.

Une cloche m'ayant annoncé, un valet m'introduisit dans un salon superbement orné quoique sévère, et quelques instants après, apparut le maître de la maison, tout aussi correct chez lui, que la veille, chez la marquise Pigalska.

. . . .

Ma modestie m'empêche de vous répéter notre conversation, à l'issue de laquelle je pris congé de mon mystérieux interlocuteur en lui demandant toutefois à qui j'avais l'honneur de parler.

— Eh bien, monsieur, savez-vous qui m'avait accompagné la veille ?

— ?

— C'était Bismarck ! ! !

LES COMMANDEMENTS DU COMÉDIEN

A. V. REGNARD.

Chez un directeur te rendras,
Pour avoir un engagement.
Dans son cabinet, tâcheras
D'être « refait » médiocrement.
Tout d'abord, tu ne signeras
Que pour deux années, seulement.
Toujours en vedette seras,
Seul et très gros, turellement.
Une loge salubre auras,
A l'entresol, sur le devant.
Le jour tu ne répéteras
Qu'après midi, jamais avant.
Aux claqueurs, tu commanderas,
De t'applaudir fort, tout le temps.
Aux ouvreuses ordonneras
De dire : Il a bien du talent !
Le spectacle fini, crieras
Ton adresse assez bruyamment :
Alors, veinard, remarqueras
Jeunes filles et leur maman...
. . . .
. . . .
Mais de ça tu n'abuseras,
Vu ton petit tempérament.

LETTRE

A E. BENJAMIN.

Nous *exploitons*, comme vous le savez, le grrrand succès parisien : *La Mission délicate*.

Après avoir joué tour à tour à Versailles, Chartres, Rennes, Nantes, Angers, Saumur, Angoulême, Libourne, Périgueux. (Entre parenthèses, nous avons mangé, à Rennes, des pâtés de Chartres, où nous avons bu du guignolet d'Angers, que nous n'avons pu nous procurer dans sa ville natale). Après le pays de M. Ballande, nous avons filé vers le Midi.

Ah! le Midi! en voilà une mine d'observations!

C'est là que nous en avons vu, des types! et entendu, des... réponses!

Sont-ils convaincus ou feignent-ils de l'être? En

tout cas, ils sont bien amusants, ces bons Méridionaux, mes doux compatriotes (je suis Bordelais).

Quelle réputation surfaite que la vivacité des gens du Sud ! Ils sont vifs, oui, en paroles, mais autrement... Té, pourquoi se presser, hó ?

Je vais copier pour vous quelques réponses que j'ai crayonnées au fur et à mesure que je les entendais. C'est sans suite ni cohésion, mais excusez-moi, je vous écris pendant un entr'acte (oh! quel métier !)

Ah ! une recommandation auparavant :

Prière de lire avec l'*accint* sans cela, le mot n'a plus de saveur.

A P..., un de nos camarades entre chez un chapelier, en lui désignant un manille :

— Combien ce chapeau ?

— Sisse cinquinte et il vous va, hó ?

— Mais il n'entre pas.

— Naturellement, il se fera à la tête !

Est-ce joli ! mais ce qui l'est davantage, c'est que mon copain a acheté le couvre-chef !

*
* *

A l'hôtel où nous étions descendus, à Cahors.

Nous rentrons à minuit.

— Garçon, avez-vous une allumette?
— Non je ne fume pas !

*
* *

Et je vous répète, le seul mérite de ces mots, c'est qu'ils sont absolument *vrais*. A Dax, le pays de la fontaine d'eau chaude, nous allons prendre un bock dans un café-concert (genre *Ambassadeurs*,) et tout en dégustant, nous demandons au patron :

— Eh bien ! ça va-t-il un peu les affaires ?
— Heu ! heu !
— Vous n'êtes pas content ?
— Si, mais c'est très dur; ici, les femmes sont usées tout de suite ; pour bien faire, il faudrait *changer le bétail* tous les huit jours.

*
* *

Et à Nîmes, cette réponse que nous fit une hôtelière :

— Comment, dix sous, ce café?
— Té, je vous ai servis dans des petites tasses !
Elle n'est pas dans un sac, celle-là, hein ?

*
* *

A Mont-de-Marsan.
Au théâtre, absence totale de luminaire.

— Eh bien, où est le gaz?

— Ah! c'est une nouvelle Compagnie qui est en train de changer les tuyaux, vous en aurez quand les magasins seront fermés.

(Ils ferment à onze heures et demie, nous avions fini.)

Et le plus amusant, c'est que dans la journée, étant entré dans un bureau de tabac pour allumer un cigare, et m'étonnant de voir le petit tube de caoutchouc éteint, je reçus cette réponse :

— Ah! c'est que ce soir il y a théâtre!

*
* *

Je m'aperçois, mon cher ami, que je dois être terriblement monotone et ennuyeux, aussi vais-je terminé cette nomenclature par cette dernière méridionalerie :

Nous dînions, à Pau, à table d'hôte, quand un compatriote du bon roi, nous entendant dire que nous allions de Tarbes à Cahors, nous dit à brûle-pourpoint et tout en vinaigrant sa salade :

— Vous allez de *Tarbeuss* à *Cahorss*?

— Oui.

— Eh bien il faut *vinte* heures.

— Hein!

— Oui, oui, *vinte* heures.

— Mon Dieu, monsieur, dit l'un de nous, cela n'est pas possible, nous ne partons demain qu'à neuf heures et nous jouons, le soir.

— Sapristi, je le *sé* bien, j'y *vé* sans cesse.

— A pied, alors?

— Non, en voiture!

Voyez-vous ce monsieur qui se figurait que nous voyagions *en voiture!*

Je termine en suppliant les Méridionaux qui pourraient lire cette lettre de n'en pas vouloir au signataire qui, orfèvre lui-même, apprécie à sa juste valeur ce pays qui a donné tant d'illustrations politiques et artistiques à la France.

Tout à vous, mon cher Benjamin.

F. G.

LES TOURNÉES

A A. DUPRÉ.

I

Mon Dieu que c'est donc amusant
De faire en été des tournées !
On s'en va leste, insouciant ;
Mon Dieu que c'est donc amusant !
On croit rapporter de l'argent,
De l'argent pour beaucoup d'années,
Et l'on revient comme Gros-Jean,
Mais c'est amusant les tournées !

II

Or, on choisit ses compagnons.
Lorsque l'on fait un long voyage
Il faut éviter les grognons :
On choisit donc ses compagnons.

Je vais du côté des chignons,
Avec eux je fais bon ménage.
J'aime les visages mignons
Lorsque je fais un long voyage.

III

Puis un paysage est charmant
Quand on le voit près d'une femme !
Il est plus bleu, le firmament,
Le paysage est mieux vraiment ;
On se regarde tendrement
La nature épanouit l'âme.....
Qu'un paysage est donc charmant
Quand on le voit près d'une femme !

IV

Le chemin de fer rend joyeux
Et vous met d'humeur folichonne,
Constamment admirer les cieux
Rend le morose très joyeux ;
Avec les employés au mieux
On plaisante, on rit, on gasconne ;
On les appelle tous « mon vieux »
Dam ! l'humeur est très folichonne.

V

On descend dans de bons hôtels
Dont les draps sont parfois humides,
Mais de tous temps ils furent tels ;
En province, oh ! les bons hôtels !
Où donc le confort des castels ?
On rit de nous, gens trop timides,
Acceptant les affreux Vatels,
Ainsi que les vieux draps humides !

VI

Dans la rue, on dit : Les voilà,
Les Parisiens ! quel spectacle !
Sur nos pas, on pousse des ah !
Et l'on chuchote : Les voilà !
Mais nous, plutôt, disons : Holà,
Les voyant de notre pinacle,
Jamais on n'eût rêvé cela,
Les provinciaux, quel spectacle !

VII

Et puis, comme l'on est gobeur
Quand on est loin du café Riche !
Ou trouve tout bon, tout meilleur,
Mon Dieu, comme l'on est gobeur !

O Parisien de malheur !
D'emballements tu n'es pas chiche,
A l'avenir sois moins gobeur
Eloigné de ton café Riche.

VIII

Au retour, ils sont tous guéris
Les bons amateurs de tournées ;
Avec joie ils voient leur Paris,
Au retour, ils sont tous guéris !
Ils n'en sont certes pas marris
En voilà pour plusieurs années !
Ils sont absolument guéris
Des interminables tournées.

TABLE DES CHAPITRES

Nos acteurs en tournée. 1
Le sac de Géronte 43
Concert-express 51
Une réception 67
Déception 85
Ténor et prestigiditateur. 105
Les extra 113
Un impressario 123
Un concert à Athis-Nous. 137
Les médecins de Molière 143
Les animaux au théâtre 147
Rien de nouveau. 153
Billet de faveur 157
Chez Momus. 165
Un chanteur commerçant. 177
Le concert de la place de la Bourse. 183
Sans le vouloir 189
Les souffleurs 191
Une maladie de peau. 201
Lettre. 207
L'acteur réaliste 213
Lamentation de Boieldieu. 219
Un drôle de couple. 225
Lettre de Jeannine à Suzanne 231

TABLE DES CHAPITRES

Les tics	237
Les vacances d'un comédien	245
33 boulevard Haussmann	253
Un père	259
Une représentation extraordinaire	267
Le ruban	283
Virgo	293
Lettre	303
Un clarinettiste	309
Les commandements du comédien	317
Lettre	319
Les tournées	325

FIN DE LA TABLE

F. Aureau. — Imprimerie de Lagny.

www.ingramcontent.com/pod-product-compliance
Lightning Source LLC
Chambersburg PA
CBHW060502170426
43199CB00011B/1293